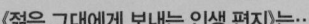

《젊은 그대에게 보내는 인생 편지》는…

20세기 프랑스를 대표하는 작가이자 평론가, 역사가인 앙드레 모루아의 인간과 세상에 대한 탁월한 통찰과 특유의 철학적 사유가 빛나는 인생 에세이다. 저자가 자신의 일생을 통해 깨달은 삶의 위대한 진리를 편지 형식으로 진솔하게 써내려간 이 글은 현학적이지 않지만 유려한 문체 안에 진정 어린 삶의 메시지를 담아낸 불멸의 인생론이자 위대한 문학 작품으로 손꼽히고 있다.

이 책이 출간되던 1960년대, 사회적 불안과 혼란 속에 절망에 빠져 있던 프랑스 젊은이들에게 노학자 앙드레 모루아의 풍부한 경험에서 우러나온 희망과 용기의 메시지는 새로운 삶의 지표를 제시했고, 그가 알려준 인생의 원칙은 물론 돈, 결혼, 사람 관리, 성공에 대한 실질적인 조언은 젊은이들이 따라야 할 이정표가 되었다.

무엇보다 이 책이 보여주고 있는 인생에 대한 성찰과 사색, 시대가 바뀌어도 변하지 않는 삶의 가치는 60여 년이 지난 지금까지도 우리 시대를 관통하고 있다. 사랑에 대한 심오한 성찰, 행복에 대한 명쾌한 정의, 우정에 대한 진솔한 사유까지. 그가 젊은 세대에게 전하고자 하는 아름다운 진실과 감동의 메시지는 여전히 젊은 청춘의 가슴을 다시 뛰게 할 것이다.

모던&클래식은
시대와 분야를 초월해 인류 지성사를 빛낸 위대한 저서를 엄선하여
출간하는 김영사의 명품 교양 시리즈입니다.

젊은 그대에게 보내는
인생 편지

LETTRE OUVERTE À UN JEUNE HOMME
SUR LA CONDUITE DE LA VIE by André MAUROIS

Copyright © EDITIONS ALBIN MICHEL, Paris, 1966
Korean Translation Copyright © GIMM-YOUNG Publishers, Inc. 2012.
All rights reserved.

This Korean edition was published by arrangement with EDITIONS
ALBIN MICHEL (Paris) through Bestun Korea Agency Co., Seoul.

Lettre ouverte
à un jeune homme

젊은 그대에게 보내는
인생 편지

앙드레 모루아 지음 | 김광일 옮김

김영사

젊은 그대에게 보내는 **인생 편지**

지은이_ 앙드레 모루아
옮긴이_ 김광일

1판 1쇄 발행_ 2012. 12. 21.
1판 2쇄 발행_ 2013. 7. 11.

발행처_ 김영사
발행인_ 박은주

등록번호_ 제406-2003-036호
등록일자_ 1979. 5. 17.

경기도 파주시 문발동 출판단지 515-1 우편번호 413-756
마케팅부 031) 955-3100, 편집부 031) 955-3250, 팩시밀리 031) 955-3111

이 책의 한국어판 저작권은 베스튼 코리아 에이전시를 통해 저작권자와의 독점 계약으로
(주)김영사에 있습니다. 저작권법에 의해 한국 내에서 보호를 받는 저작물이므로
무단전재와 무단복제를 금합니다.

값은 뒤표지에 있습니다.
ISBN 978-89-349-6109-3 04860
     978-89-349-5063-9(세트)

독자 의견 전화_ 031) 955-3200
홈페이지_ www.gimmyoung.com
이메일_ bestbook@gimmyoung.com

좋은 독자가 좋은 책을 만듭니다.
김영사는 독자 여러분의 의견에 항상 귀 기울이고 있습니다.

인생의 목표는 불멸의 영예를 보장받는 게 아닙니다.
'흑색 월계관을 쏜 가냘픈 불멸'을 얻으려는 게 아닙니다.
그것은 하루하루를 작은 영원永遠이 되게 살아가는 일입니다.

차례

Lettre ouverte à un jeune homme

작품해설　9

삶의 네 가지 원칙	17
인생의 장애물	28
우리 시대의 위험	42
삶의 목표	57

교양인의 조건	67
잘 노는 방법	81
풍요의 문명시대	93
사람 관리	101
여성	112
결혼	127
돈에 관하여	140
글쓰기	153
가면무도회	165
정치	173
일하는 요령	187
신앙심	195
참된 삶	204
결론	208

작품 해설

 세어보세요. 일주일에 몇 번인지. 아니 하루에 몇 번인지. 우리는 하루에도 몇 번씩 크고 작은 약속을 주고받고, 위로를 건네고 위로를 받습니다. 세상은 약속 때문에 권태롭습니다. 위로 때문에 피곤합니다. 모두가 낡은 구두밑창 같은 이야기들입니다. 한쪽으로만 닳아서 우리를 뒤뚱거리게 할 뿐입니다. 앙드레 모루아는 허튼 충고를 하거나 위로를 하려고 이 책을 쓴 것이 아닙니다. 기껏해야 허공에 흩어지는 말뿐인 겉치레 용기와 희망을 주려고, 그런 허망한 약속을 하려고 이 책을 쓴 것도 아닙니다. 앙드레 모루아는 오히려 우리들의 문제를 좀 더 냉정하게 들여

다보고, 젊은이들에게 스스로 힘을 기르도록 이끌고 있습니다. 이 책을 읽고 나면 생각과 행동과 습관의 작은 실마리가 바뀌게 되는 자신을 발견할 것입니다.

여러분 자신이 흰 머리가 무성한 노인이 되었을 때 '나는 언제나 내 영혼과 양심에 비추어 가장 정당하고도 현명한 방식으로 살아왔다'고 말할 수만 있다면 무슨 상관이 있겠느냐고 앙드레 모루아는 묻습니다. 모루아는 인생의 목표가 불멸의 명예를 보장받는 데 있지 않다고 말합니다. 인생에서 '흑색 월계관을 덮어쓴 가냘픈 불멸'을 얻으려는 게 아닙니다. 인생의 목표는 하루하루를 작은 영원未遠이 되게 살아가는 일입니다. 지금 이 순간을 말입니다.

앙드레 모루아는 우리가 어떤 환경과 상황에 놓이더라도 삶의 원칙을 지키며 살아야 한다고 강조합니다. 그 첫째 원칙은 우리 자신이 아닌 다른 무엇인가를 위해서 살아야 한다는 것입니다. 낙동강 하구에 찾아오는 검은머리갈매기를 위해 평생을 살아갈 수도 있습니다. 아프리카 수단 남부의 굶주리는 어린이를 위해 살 수도 있습니다. 바이올린과 피아노와 첼로를 위해 살 수도 있

고, 온 세상을 감동시킬 TV 드라마 한 편을 만들기 위해 살 수도 있습니다. 신을 위해 사는 사람도 있고, 사랑하는 연인을 위해 평생을 바치겠다고 다짐한 사람도 있습니다. 당신은 지금 당신 자신 말고 다른 무엇을 위해 살고 있습니까?

이 책은 알뱅 미셸 출판사에서 장피에르 도리앙이 기획한《공개편지 컬렉션》중 하나입니다. 아카데미 프랑세즈 회원인 앙드레 모루아가 쓴《젊은이에게 보내는 공개편지: 삶의 행동지침에 대하여》1966년판을 번역했습니다.

모루아가 이 책을 쓴 1960년대는 불안과 혼란이 극에 달했던 때였습니다. 재래식 가치관은 붕괴했고, 새로운 도덕적 기준은 아직 안개에 잠겨 있었습니다. 물질문명과 과학세계는 나날이 발전했지만 그와 동시에 앞날을 전혀 예측할 수 없는 위기의식도 팽배했습니다. 1968년 5월 프랑스에서는 남녀 기숙사의 상호 자유방문을 제한하는 것에 항의하던 학생들의 소요사태가 급기야 전 프랑스 사회를 한 달 이상 혼란과 기능마비의 소용돌이 속에 몰아넣었고, 이것은 전 세계의 젊은이들에게 깊은 영향을 미쳤습니다.

이 책은 1968년부터 1980년대 중반까지 여러 차례 번역됐습니다. 줄이고 줄여서 최대한 압축된 문장으로 쓰인 작은 책자이기 때문에 문고판 형태가 많았습니다. 그 중에서 우리 현실에 맞는 부분만 가려 뽑아 번역한 책도 있습니다. 국회도서관에서 열람한 번역본만 7종이 넘었습니다. 이제 오늘날 이 땅의 젊은이들이 보듬고 있는 우리의 현실을 더욱 절박하게 바라보면서 1960년 프랑스 지성인이 고뇌했던 사유들을 다시 한 문장씩 되새김을 해서 내놓습니다.

이 책은 20세기 프랑스 현대사에서 가장 존경 받았던 지성인 앙드레 모루아가 스스로 팔십대 할아버지가 되어 이십대 젊은이에게 보내는 편지입니다. 그때 유럽 젊은이들이 감당하고 있었던 불안과 절망도 요즘 한국 젊은이들이 맞닥뜨리고 있는 캄캄한 현실과 크게 다르지 않습니다. 오히려 그때가 더 암담했던 시절이었다고 할 수도 있습니다. 그때는 동네 친구나 학교 친구들, 그리고 전국적으로 같은 고민에 휩싸인 젊은이들, 그리고 비슷한 환경에 처해 있는 세계 각국의 젊은이들이 실시간으로 생각을 주고받고, 깊은 우정으로 연대할 수 있는 아무런 수단도 없었습니다.

  이 책은 매우 실제적입니다. 저자는 우리의 삶을 자로 잰 듯이 구역을 나누고, 그 각각의 영역에서 최상의 처방전을 써줍니다. 우리는 처방전대로 조제된 약을 들고 있습니다. 이제 그 약을 삼킬 것인가는 우리에게 달려 있습니다.

2012년 12월
김광일

젊은 그대에게 보내는
인생 편지

Lettre ouverte
à un jeune homme

여러분은 알고 있습니까?
여러분 안에는 여러분 자신보다
월등히 위대한 무엇인가가 있다는 것을 말입니다.
이러한 위대함은 모든 이들에게 다 있습니다.

삶의
네 가지 원칙

나는 여든 살이고, 여러분은 스무 살입니다. 여러분을 내게 소개한 사람들 모두 여러분의 훌륭한 점들만 말하더군요. 여러분은 내게 충고를 부탁했지요. 인생행로에 대해서요. 한마디로 '인생의 배달학습지' 같은 것 말입니다. 발자크 작품에서 모르소프 부인이 방드네스에게 그렇게 했고, 괴테도 빌헬름 마이스터를 위해 그런 글을 썼지요.[1]

---

[1] 발자크의 《골짜기의 백합》에서 방드네스는 스물두 살 귀족청년이고, 모르소프는 여섯 살 연상인 백작부인이다. 괴테의 《빌헬름 마이스터의 수업시대》는 주인공의 자아형성 과정을 묘사한 교양소설이다.

여러분이 충고를 부탁해서 솔직히 기뻤습니다. 그래서 생각했지요. 나는 지식인인 양 떠든다든지 철학자인 척 전문용어를 쓰는 일은 하지 않기로 했습니다. 겉만 번드르르한 말로 청년들의 환심이나 사려고 해서야 되겠습니까. 여러분의 요청이 내 마음에 와닿았고, 또 내게 확신을 주었습니다. 여러분과 함께 삶이란 것이 과연 무엇인지 한번 살펴보도록 하지요.

우선 여러분은 머릿속에서 옛날 신新낭만파가 품었던 비관주의를 깨끗이 털어내야 합니다. 그들의 비관주의는 전부 조작된 것입니다. 이미 한 세대를 타락시켰습니다. 그들은 세상이 부조리하다고들 하지요. 그것은 도대체 무슨 뜻일까요. 어떤 명제가 이성理性에 어긋나면 부조리한 것이고, 어떤 법률이 상식에 맞지 않아도 부조리하겠지요. 그렇지만 '세상 모든 것은 다 부조리하다'라고 말하면 그것이 가장 큰 부조리입니다. 세상은 그냥 저 혼자인 세상일 뿐이거든요.

세상이란 이성이나 상식과 관계 없습니다. 세상은 우리가 삶을 출발하면서 밟고 서야 하는 밑바닥 같은 것, 그렇게 하나의 주어진 조건일 뿐이에요. 그렇다면 사람들은 무엇을 말하고 싶

은 걸까요. 세상이 우리를 행복하게 해주려고 생겨났다는 말을 하고 싶은 걸까요. 그렇다면 그건 정말 엉뚱한 기적이라고 할 수밖에 없습니다. 세상은 우리에게 바라는 게 없답니다. 세상은 우리에게 호의적이지도 않고 적대적이지도 않아요.

인간이란 죽음에 이르도록 태어난 존재라고들 합니다. 그래서 끊임없이 불안에 떨 수밖에 없다는 거지요. 왜 그럴까요? 잠시 따져보도록 하지요. '죽음'이란 '생각'이 아닙니다. 몽테를랑[2]은 "죽음에 대한 생각들의 본질은 생각이 없다는 데 있다"고 했습니다. 사랑하는 사람이 죽었을 때 우리 마음은 온통 괴로움에 흔들리게 됩니다. 그렇지만 우리가 죽는다면 어떻게 될까요? 우리가 겁내는 이유는 우리가 현존하고 있는 세상과 우리가 존재하지 않게 될 세상을 동시에 상상하기 때문이에요. 이 두 가지 생각은 함께할 수 없답니다.

여러분은 우리가 재난에 짓눌려 살고 있다고 하는 말을 들었을 겁니다. 위험이 닥치고 그것을 알아차리게 됐을 때는 이미 어

---

[2] 20세기 프랑스의 남성적 행동주의 작가다.

쩔 수 없는 상황이라는 이야기도 들었겠지요. 그러나 인간은 언제나 재난과 더불어 살아왔고, 그 속에서 서로 사랑했고, 열심히 일하며 뭔가를 창조해왔습니다. 여러분도 앞으로 그렇게 살아갈 겁니다. 누가 뭐라 하겠습니까. 이렇게 말하는 사람은 있겠지요.

"모든 것은 변했다. 옛사람들은 신앙에 의지할 수 있었고, 또 오늘날 우리처럼 지구가 단번에 멸망할 수 있다는 위기감도 모르고 살았다."

그러나 오늘날 여러분이 신앙을 갖는다고 해서 누가 말리겠습니까? 신이 죽었다고요? 아닙니다. 신의 이미지가 새로운 형상으로 변모했다는 게 옳을 것입니다.

여러분은 알고 있습니까? 여러분 안에는 여러분 자신보다 월등히 위대한 무엇인가가 있다는 것을 말입니다. 이러한 위대함은 모든 이들에게 다 있습니다. 누군가가 아무리 비겁하다고 해도 스스로 판단하는 바가 있을 것입니다. 인류를 위협하는 대재앙들은 모두 다 인류가 만들어냈습니다. 그렇기에 인류 공동의 의지와 집념으로 대재앙을 피할 수 있습니다. 우리가 재난과 평온 사이의 울타리를 따라 걸을지라도 그 무엇도 우리를 재난의

구렁텅이로 빠뜨릴 수는 없습니다.

사람들은 옛날 도덕은 다 케케묵은 생각일 뿐이라고들 말합니다. 하지만 그것은 틀린 말입니다. 만약 현대 인간들의 얼굴에서 위선적인 가면을 걷어내면, 우리는 아마 영원한 인간성을 발견할 수 있을 것입니다. 어떤 작가들은 고전적인 의미의 문명은 끝났다고들 합니다.

"인류가 존속해온 5000년이란 기간, 다시 말해 고전적 의미의 위대한 문명의 시대는 20세기에 들어서서 종지부를 찍었다는 사실을 이해해야 한다. 우리는 이제 다른 시대에 들어간다. 앞으로 다가올 시대는 과거 시대와 조금도 닮지 않았다. 역사적으로 예고되어온 새로운 몸속에 들어가야 할 것은 완전히 새로운 것들이다. 모습을 조금 달리한 정신이 아니다. 새로운 몸에는 새로운 정신이 담겨야 한다."

새로운 몸에 새로운 정신이라고요? 나는 믿지 않습니다. 몸이 새롭다는 건 진실이 아닙니다. 우리가 크로마뇽인과 다른 심장, 다른 간, 다른 동맥, 다른 신경을 갖고 있는 것은 아니지 않습니까. 정신세계를 따졌을 때도 그렇습니다. 오늘날의 도덕적 가치가 옛날 늙은 윤리학자들의 손에서 거저 만들어진 것은 아닙니다. 그것 없이는 사회도 행복도 계속 이어질 수 없기 때문에 그걸 '가치'라고 하는 것입니다. 이제 여러분과 이야기를 시작하면서 몇 가지 삶의 원칙들을 떠올려보기로 하겠습니다. 이것들은 우리 문명만큼이나 오래됐고, 새로운 기술들과 허무주의적 철학에도 불구하고 언제나 옳은 것들입니다.

첫 번째는 자기 자신 말고 다른 무엇인가를 위해서 살아야 한다는 점입니다. 자기 자신을 욕하는 사람을 보세요. 그는 항상 불행해질 수밖에 없는 이유들을 찾아내곤 합니다. 그는 자신이 하고 싶거나 또는 해야만 하는 일을 이루어낸 적이 없을 것입니다. 제 딴에 자신이 얻을 자격이 있다고 생각하는 것을 얻은 적도 없을 것입니다. 그는 자신이 사랑받아야 한다고 생각하는 만큼 사랑받은 경험도 별로 없을 것입니다. 과거를 되씹으면서 반성도 하고 양심의 가책도 느끼겠지만 다 쓸데없는 일입니다.

"우리의 잘못들은 망각 속으로 흘러들어간다. 응당 그렇게 되는 것이다"라는 말이 있습니다. 어떻게 해도 없어지지 않는 과거를 지워버리려고 애쓰는 대신 여러분이 미래에 자랑스럽게 되돌

아볼 현재를 제대로 살아가는 데 힘쓰십시오. 자신과 불화하는 것이야말로 가장 좋지 않습니다. 자신이 아닌 다른 것들, 이를테면 조국, 여인, 과업, 굶주린 사람들, 박해받은 사람들을 위해 살아가는 이들은 자신의 불안과 하찮은 걱정거리를 거뜬하게 잊어버립니다. 참된 외부의 세계는 곧 참된 내부의 세계인 것이지요.

두 번째 원칙은 행동해야 한다는 것입니다. 세상의 부조리함을 한탄하는 대신 우리가 살고 있는 작은 도시를 변화시키려고 애써보세요. 우리가 우주 전체를 변화시킬 수는 없습니다. 누가 그것을 바라기나 하겠습니까. 우리 목표는 좀 더 가까운 데 있고, 좀 더 단순합니다. 직업을 잘 선택하고, 거기에 충실하고, 많은 지식을 습득하고, 그것의 달인이 되는 것입니다.

각자는 각자의 영역이 있습니다. 나는 책을 쓰고, 목수는 책장을 만들고, 교통순경은 교통의 흐름을 원활하게 하고, 건축가는 집을 짓고, 시장은 도시행정을 책임집니다. 모두는 자기가 잘할 수 있는 일들을 맡아 움직일 때 행복합니다. 그들도 쉬거나 즐길 때면 특별한 목적 없이 놀이나 스포츠에 몰두하기도 합니다. 럭비를 하다가 상대선수 때문에 진흙탕에 얼굴을 처박아도 행복한 것입니다. 사람에게 유용한 일들이 효율적으로 이루어져야만 우리는 그것을 누릴 수 있습니다. 부지런한 시장이 도시를 깨끗하게 가꾸고, 부지런한 성직자가 교구를 활기 띠게 하면 사람들이 흡족하지 않겠습니까.

세 번째 원칙은 의지의 힘을 믿으라는 것입니다. 미래가 결정되어 있다는 것은 말이 안 됩니다. 위대한 사람은 역사의 흐름까지도 바꿀 수 있습니다. 누구든 그렇게 하려는 용기만 있으면 자신의 미래를 바꿀 수 있습니다. 물론 사람이 절대적으로 전지전능한 것은 아닙니다. 각자의 자유에도 한계가 있습니다.

자유란 가능성과 의지 사이의 담장 위를 걷는 것과 같습니다. 전쟁을 막는 일이 나 한 사람의 힘으로는 어림없지만, 우리가 말과 글로 호소하고, 그것이 수많은 사람들의 노력과 합쳐진다면 전쟁 가능성을 낮출 수 있습니다. 나는 "동포들이 모욕당하고 있다"라고 하면서 "조국과 함께 명예롭게 목숨을 끊어라" 같은 당치않은 말 따위는 하지 않습니다.[3] 전쟁의 승리가 내 손에 달려

3_ '여러분이 모욕당했으니 조국을 위해 목숨을 버려야 한다'고 말하는 것은 전쟁을 선동하는 행위라는 뜻이다.

있지는 않습니다. 그렇지만 나는 나에게 맞는 자리를 찾아 용감한 병사가 될 수는 있습니다. 의지의 한계라는 것도 마음먹기에 달려 있습니다. 한계에 너무 연연해하지 말고 최선을 다해 자신을 다스려야 합니다. 게으름과 비겁함은 포기와 같습니다. 일에 뛰어들어 용기를 내는 것이야말로 자발적인 행동입니다. 의지야말로 모든 덕목의 으뜸입니다.

이제 네 번째 원칙인데, 난 여러분에게 의지만큼이나 소중한 가치인 성실을 말해야겠습니다. 약속이나 계약, 또는 자신에 대한 성실함 말입니다. 결코 기대를 저버리는 사람이 되어서는 안 된다는 것입니다. 성실이란 손쉬운 덕목이 아닙니다.

우리가 이미 한 약속들을 지키지 못하게 방해하는 유혹들은 너무 많습니다. 여러분은 이렇게 반박하겠지요. "뭐라고요? 만약 아내가 아양이나 떨고, 다른 사내에게 곁눈질이나 하고, 바보스럽기까지 하다면 그래도 나는 그녀에게 성실해야 합니까? 만약 내가 어떤 직업을 갖게 되었는데 당초 내가 생각했던 것과 영 딴판이라고 해도 새 출발을 하면 안 됩니까? 내가 만약 어떤 정당에 가입했는데 탐욕스러운 사람들로 가득하다는 것을 뒤늦게 알게 된데다 더 알아본 결과 다른 정직한 정당을 찾아냈음에도 그쪽으로 옮기면 안 되는 것입니까?"

그런 뜻이 아닙니다. 성실과 맹목은 다릅니다. 단지 불성실한 것을 잘못된 선택 탓으로 돌리지 않아야 한다는 뜻입니다. 불성실은 너그럽지 않음의 징표일 수도 있습니다. 알랭[4] 선생님은 말씀하셨습니다.

"사실은 정반대다. 우리가 스스로 포기한다면 모든 선택은 잘못된 것이 되고 만다. 그러나 굳은 의지가 있다면 그 선택들은 훌륭한 것이 된다. 어느 누가 처음부터 합당한 이유가 있어서 직업을 선택했다고 할 수 있을까? 어떤 의미에서는 그 직업을 잘 알기 위해 선택했을 것이다. 마찬가지로 누구도 사랑을 선택할 수는 없다."

그렇지만 우리는 곁눈질하는 아내를 변모시킬 수도 있고, 합당한 이유 없이 선택한 직업을 더 잘 수행할 수도 있고, 실망스러운 정당을 개혁시킬 수도 있는 것입니다. 성실함이 지속되면

4_ 알랭(1868~1951)은 프랑스 철학자이자 평론가로, 앙드레 모루아의 스승이었다.

그 성실함을 지지하고 정당화하는 것들이 생겨납니다.

　이런 삶의 원칙들이 여러분에겐 너무 엄격하고 너무 요점만 쓴 것처럼 보일지도 모릅니다. 나도 잘 알지만 다른 방법이 없습니다. 나는 여러분에게 잔인할 만큼 엄격하게 삶을 살아야 한다고 말하는 게 아닙니다. 유머를 잃지 마십시오. 여러분에 대한, 나에 대한 웃음에 너그러워지세요. 여러분의 약점을 인정하세요. 약점을 잘 다스릴 수 없다면 대신 다른 기질을 잘 이용하고 발전시킬 수 있도록 노력하세요. 시민들이 야욕과 방탕 속에서 살아가는 사회는, 그리고 폭력과 불의를 용인하는 사회는, 사람들이 서로에게 어떤 신뢰도 갖지 못하는 사회는, 구성원들이 의욕을 낼 수 없는 모든 사회는, 사형선고를 받은 사회랍니다.

　로마는 영웅들의 로마일 때 번성했습니다. 로마를 있게 한 가치를 더 이상 존중하지 않자 소멸했습니다. 새로운 기술은 행동의 방식을 바꿉니다. 그렇지만 그것은 행동의 가치, 행동의 명분까지 바꾸지는 않습니다. 이것이 내가 여러분에게 전하는 편지의 시작이며, 또 끝입니다.

인생의
장애물

　인생행로에 대한 몇 가지 충고를 담은 이 편지를 시작할 때 여러분에게 이미 밝혔지만, 내가 지식인인 양 말하는 방식에 조금도 관심이 없다는 것을 이제 아시겠지요. 다른 사람은 여러분에게 전혀 다른 삶의 원칙을 말할지도 모르겠습니다. 아마 이런 말로 들릴 것입니다.

　"전통적인 가치에 너무 신경쓰지 말라. 그것들은 스러져갈 것이다. 네 주위를 둘러보라. 무엇이 보이는가? 사회란 서로 많은 재물을 움켜쥐려고 다투는 곳이다. 누가 성실을 말하는가? 누가 원칙을 지키는가? 커리어란 기회주의가 쌓인 것일 뿐이다. 가장 잘나가는 작가들과 호평받는 영화들은 모두 삶이 얼마나 파렴치한 것인가를 다루거나 전파하고 있다. 심술궂게 살아야 이길 수 있다. 그래야 신문 기사의 반향도 커진다. 사디즘이야말로 효과적이다. 잘 팔리는 소설을 보면 알 것이다. 에로티즘도 그렇다. 에로티즘은 영화관을 가득 채우고 있다. 현학적인 태도와 모호함을 유지하고, 전문용어를 써야 되돌아오는 게 많다. 그것들은 심오함의 징표로 평가되기도 한다."

여러분, 발자크를 좋아하세요? 그의 말을 들어보십시오.

"역사는 두 가지가 있다. 인간의 행위가 고상한 감정으로 빚어진 것이라는 거짓말을 일삼는 공식적인 역사가 있고, 목적이 수단을 정당화시킨다라고 말하는 진실되고 비밀스러운 역사가 있다. 인간들은 전체적으로 볼 때 운명론자들이다. 그들은 결과만을 찬양하고, 정복자의 곁으로 모여든다. 그러므로 꼭 승리하라. 당신들은 정당화될 것이다. 당신들의 행동은 그 자체로 아무것도 아니다. 그 행동들은 다른 사람들이 형성시킨 관념일 뿐이다. 외모를 아름답게 가꾸어라. 당신들 삶의 이면을 숨겨라. 빛나는 장소만 보여주어라. 모든 것은 형식에 달려 있다."

보트랭[5]이 그렇게 말했습니다.

그렇습니다. 보트랭의 입을 통해 발자크가 말한 것입니다. 모든 야망을 가진 사람들이 그렇듯이 발자크의 내면에도 보트랭이 존재합니다. 그렇지만 보트랭은 산적山賊 같은 자입니다. 그는 뤼시앙 드 뤼방프레[6]에게 그런 말을 했는데, 그 말을 따른 드 뤼방프레는 어떻게 됐습니까. 결국 감옥에서 자살했습니다. 보트랭의 이론이 잘못됐다는 것을 증명한 셈입니다.

국가적 수준으로 본다면 히틀러도 보트랭이라고 할 수 있습니다. 그는 무자비하게 잔인해질 것과, 도덕적 가치관을 멸시할 것과, 온갖 술책을 쓸 것과, 폭력을 휘두를 것을 요구한 산적이었습니다. 히틀러에게 있어 '진정한 국가사회주의적 방법으로' 행동하라는 것은 아이들까지 죽이고, 여성들을 화장터 불가마에 던져넣고, 가장 엄숙했던 약속들을 저버리고, 암살자들을 주변에 거느리란 뜻입니다.

히틀러는 어떻게 생을 끝냈습니까? 집무실에서 자살했지요.

5_ 발자크의 작품 《고리오 영감》의 주인공이다.
6_ 《고리오 영감》에 등장하는 보트랭의 친구다.

물론 정의라는 것도 확실하게 실패할 때가 있습니다. 어떤 사람들은 자신들의 비밀을 지키기 위해 자살을 택하기도 합니다. 진정한 가치를 존중한다는 것이 언제나 조용한 삶을 보장하는 것은 아닙니다. 그렇지만 평화로움에 머물게 하는 것은 사실입니다.

　모든 사람이 착해야 한다고 주장하는 것은 아닙니다. 그것을 바란다면 말도 안 됩니다. 어제 텔레비전을 보니 땅굴에서 나온 어린 토끼가 길을 잃었는데, 독수리가 그 토끼를 노리고 있더군요. 독수리의 험악하고 매서운 시선이 결코 놓치지 않겠다는 집중력으로 먹이에게 꽂혀 있는 겁니다. 갑자기 독수리가 어린 토끼를 덮치더군요. 토끼털이 구름처럼 날리고 피가 튀었지요.

　인간세상이라는 정글에도 나뭇가지마다 독수리가 도사리고 있습니다. 강도들은 금괴 수송차량을 노리고 있지요. 믿었던 사람이 자신을 믿어주고 고용해준 사람의 돈을 훔칩니다. 인신매매범들은 어린 처녀들을 공포에 떨게 합니다. 변태 성욕자들은 어린 먹잇감을 찾아 성폭행하고는 그것도 모자라 살인을 합니다. 지금 이 순간에도 지구촌 곳곳에서는 기관총을 손에 든 군인들이 덤불숲이나 늪지대를 헤치고 다니면서 마치 독수리가 토끼를 잡듯이 다른 군인들에게 총구를 겨누고 있습니다. 이것이 인간세상입니다.

우리는 이러한 인간세상을 그래도 쓸모있는 문명사회로 만들어야 합니다.

"만약 그것이 이 세상의 겉모습에 불과한 것이 아니라면 우리는 물에 빠져 죽어야 한다(알랭)."

맞습니다. 그것은 이 세상의 겉모습일 뿐입니다. 겉모습이 그렇다고 하여, 수천 년 전부터 독수리와 토끼의 죽고 죽이는 약육강식의 사회를 더 나은 사회로 만들기 위해 고되게 노력하여 살아온 사람보다 넌덜머리를 내고 포기해버린 사람이 더 정당한 것은 아닙니다.

인생이란 숲에는 썩 괜찮은 나무도 있습니다. 여러분도 앞으로 보게 될 것입니다. 또 살아가다보면 흉악한 악당들을 만날 수도 있습니다. 친구라고 믿었던 사람에게 배신도 당할 겁니다. 사랑고백을 들을 만한 자격도 없는 상대방이 여러분을 괴롭힐 것입니다. 어이없는 중상모략을 당하다보면 여러분은 너무 당황하여 뭐라 대꾸해야 할지 막막할 것입니다.

실러[7]는 "바보들을 치료하는 약은 없다"고 했습니다. 신들도 바보들에겐 속수무책이랍니다.

마르쿠스 아우렐리우스[8]는 말했습니다.

"우리는 아침마다 이렇게 되뇌어야 한다. 나는 오늘도 성가신 놈, 배은망덕한 놈, 폭력배, 사기꾼을 만나게 될 것이라고."

그게 사실이니까 여러분도 그렇게 자신에게 다짐해두어야 합니다. 하지만 그런 몹쓸 행동들은 그들이 잘 알지 못하기 때문에 빚어지는 것일 뿐입니다. 여러분이 무심하다고 생각했던 사람, 하찮다고 생각했던 사람들이 여러분이 곤경에 빠졌을 때 뜻밖에도 헌신적인 호의와 다정한 사랑과 신의를 보여줄 수도 있습니다.

여러분은 숭고한 행위도 불명예스러운 행위도 보게 될 것입니다. 여러분은 또한 사악한 자들이 은총을 베풀 줄도 알고, 고리대금업자가 자비롭기도 하며, 교태를 부리는 여성이 성스러운

7_ 프리드리히 실러(1753~1805)는 18세기 독일의 극작가이자 시인으로, 질풍노도의 시기에 괴테와 함께 고전적 예술이론을 세우고 낭만주의로 넘어가는 다리가 되었다.
8_ 마르쿠스 아우렐리우스는 로마의 제16대 황제(재위 161~180)였으며 스토아학파의 철학자였다.

면 역시 지니고 있다는 것을 발견할 것입니다.

"당신이 행복할 때는 친구들이 많을 것이다. 그러나 흐린 날이 오면 당신은 혼자가 될 것이다."

오비디우스[9]의 말입니다. 하지만 그는 틀렸습니다. 여러분이 불행에 빠졌을 때 여러분의 진정한 친구들이 몰려옵니다.

여러분이 만약 계속 성공을 거둔다면, 그것이 아무리 정당하다고 해도 여러분은 적들을 만나게 될 것입니다. 그것이 자연의 법칙입니다. 왜 그런지 아세요? 여러분이 존재한다는 것만으로도 고통을 받는 사람들이 있기 때문입니다.

이 세상 모든 사람들의 마음에 든다는 것은 불가능합니다. 여러분의 성공은 어떤 사람들을 화나게 합니다. 그들도 여러분이 차지한 자리를 탐내고 또 그런 인기를 얻고 싶었을 테니까요. 게다가 여러분은 많은 사람들과 대화를 나누며 살아가는 중에, 많은 말들로 인해 문제가 생길 수도 있습니다.

여러분은 솔직하게 다른 사람을 평가한다고 하지만, 그 솔직

9_ 오비디우스(BC 43~AD 17)는 고대 로마의 시인으로, 대표작인 《변신 이야기》는 서사시 형식으로 신화를 집대성하였다.

함을 참지 못하는 사람들도 있습니다. 여러분은 그 평가를 반복하겠지요. 비웃듯 내뱉은 말 한마디, 날카로운 말 한마디가 평생 원수를 만들기도 합니다.

사람들은 누구나 민감하게 생각하고 받아들이는 것이 있습니다. 우리는 누가 민감한 부위를 건드리면 아무리 사소한 비판이라도 상처를 입습니다. 말馬처럼 잘 놀라는 사람에게 접근할 때는 옆구리를 쓰다듬으며 조심스럽게 다가가야 합니다. 어떤 사람의 상처는 아문 것처럼 보지만, 상처를 성급하게 건드리면 그 사람은 비명을 지를 것입니다. 이런 사람과 관계를 잘못 맺으면 무시무시한 증오심이 생길 수 있습니다.

이 세상에는 타인에게 고통을 주고 그걸 즐기는 사람, 자신들이 빚어낸 소동을 즐기는 사람으로 가득 차 있습니다. 여러분이 그들을 적으로 삼지 않아도 그들이 여러분을 적으로 만들 것입니다. 그래서 어떤 사람은 본능적으로 혐오감을 갖고 있는 것처럼 보입니다.

스피노자는 이렇게 말했습니다.

"혐오감이란, 어떤 피해를 입거나 고통을 당했을 때 우리가 그

피해나 고통의 원인을 제공했다고 추정되는 상대에게 등을 돌리게 하는 정신적 장애다."

혐오감은 증오와 다릅니다. 혐오감은 정확한 원인이 없습니다. 나는 나와 의견이 다른 사람에게 혐오감을 가져본 적이 없습니다. 나 같은 사람은 의견불일치가 있더라도 그것을 받아들입니다. 반대로 모든 것을 남의 탓으로 돌리는 사람들도 있는데, 그들은 서로에게 혐오감을 갖고 있습니다. 그것은 그들이 상대에게 느끼는 감정입니다. 의견이 아니라 기질과 천성에서 서로 부딪치는 것입니다.

공격적이고 폭력적이고 심술궂게 모든 것에 반대하는 사람들일수록 조용하고 객관적이고 타협점을 찾으려고 하는 호의적인 사람들과 부딪칩니다. 타인을 모두 경멸하는 사람들은 그들을 아끼려는 이를 더 경멸합니다. 온건한 사람은 광적인 사람을 화나게 하기 때문입니다. 여러분은 일생을 살아가면서 이렇게 따져물어야 하는 적들을 만나게 될 것입니다.

"그는 왜 나만 가지고 그러는 거지? 나는 아무 짓도 하지 않았단 말이야."

아닙니다. 여러분은 무엇인가를 했습니다. 여러분은 그에게 아주 심각한 모욕감을 주고 있었던 것입니다. 여러분은 그 사람의 본성에 대한 살아 있는 부정적否定的 존재인 것입니다.

적들을 상대할 때 어떻게 행동해야 할까요? 증오에 증오로 대응하지 마세요. 증오란 슬픔을 낳는 고통스러운 감정이고, 정도가 지나치면 화가 폭발하게 됩니다. 남이 여러분을 근거 없이 악평하고 어떤 사람이 그대로 믿는다고 해서, 또 어떤 사람이 뜬소문을 믿고 여러분을 잘못 판단한다고 해서 여러분까지 그 사람의 경솔함과 몽매함을 따라해야 한단 말입니까? 여러분마저 그렇게 한다면 불타는 노여움만이 서로 더해갈 뿐입니다.

분노는 여러분 인생에 독약입니다. 여기엔 두 가지 해결책이 있습니다.

첫째 증오심이 남의 거짓말 때문에 생긴 것이라면 한 번쯤 오해를 풀기 위해 노력해보세요. 서로를 잘 아는 친구에게 다리를 놓아달라고 부탁할 수도 있습니다. 그렇게 서로 '잊어버리기'로, '그 문제는 다시 꺼내지 않기로' 어깨를 두드려줄 수 있습니다. 그때 뭔가 설명하려고 하지 마세요. 그렇게 하지 않는 게 좋습니다. 그러다가 다시 다툼이 생길 수 있으니까요. 그냥 악수를 하세요. 악수란 옛날부터 화해의 상징이었습니다. 더 이상 그 문제는 말도 꺼내지 마세요. 나는 뿌리 깊은 원한의 파편들을 딛고 그 위에 굳건한 우정의 탑을 세운 사례를 숱하게 봤습니다.

"용서하는 이유를 설명하면서 용서하는 것은 용서가 아닙니다."

반대로 진짜 나쁜 사람, 다시 말해 진실을 정면으로 마주할 줄 모르는, 성급하고 고집 센, 그런 형편없는 인간과 엮였을 때는 관계를 끊어버리세요. 그런 자와 다시 만나는 건 조금도 이로울 게 없습니다. 상대가 남들이 인정하는 어떤 장점을 갖고 있다고 해도 여러분과 기질상 맞지 않는다면, 애쓰지 마세요. 부드럽지만 가시 돋친 합의를 하느니 차라리 깨끗한 단절이 좋습니다. 어떤 만남도 원한으로 남아서는 안 됩니다.

모든 만남은 정신건강을 위한 것이어야 합니다. 말하자면 "난 화내고 싶지 않기 때문에 그 사람을 보지 않겠다"는 것입니다. 우리는 우리를 사랑하는 사람들과 함께 살아야 합니다. 우리를 증오하는 사람들은 우리를 풀죽게 하고, 심지어 품위마저 떨어

뜨립니다. "서로 의견이 맞아야 뭔가 생산적인 토론도 할 수 있다"라고 말하지 못한다면 그들에게 다가갈 이유도 없습니다.

내 말의 뜻은, 상호존중을 바탕으로 본질적인 것에 대해 공감하고, 나아가 칭찬할 줄 알아야 한다는 것입니다.

"마치 잠깐 볕을 쬐기 위해서 문 밖으로 나가듯이 자만심의 순간들을 털어버려야 합니다."

악착같이 남을 해치려고 하는 괴물들은 짐승처럼 대해도 됩니다. 이때도 증오심으로 대응해서는 안 됩니다. 증오란 상대방을 바꾸기는커녕 도리어 여러분을 쇠약하게 합니다. 우리가 사자를 증오하지는 않습니다. 사자가 사납게 덤벼들면 우리는 사자를 죽입니다. 미치광이도 증오해서는 안 됩니다. 오히려 사람들에게서 격리하여 처리해야 합니다. 우리가 히틀러를 증오한다고 히틀러가 없어지지는 않습니다. 방법은 은신처를 포위하고 그 짐승을 잡기 위해 수많은 비행기와 탱크를 보내는 일이었습니다.

여러분도 나처럼 삶의 황혼녘까지 살다보면 폭력에는 폭력으로 맞설 수밖에는 없다는 것을 이해할 것입니다. 비폭력주의도 나름대로 매력은 있지만 그건 맹수들을 울에서 풀어놓는 결과를 낳을 수 있습니다. 특히 폭력을 부추기는 자들에게는 강력히 맞섬으로써 폭력을 미리 막아야 합니다.

평화로운 시기에 사람들은 '짧고 즐거운 전쟁'이니 '유토피아 혁명'이니 떠드는 예언자들에게 현혹되기 쉽습니다. 하지만 우리가 겪어온 전쟁은 여러 세대에 걸쳐 쌓아온 일들을 단번에 부숴버리고 시체더미와 폐허만을 남겼습니다.

발레리는, "혁명은 두 달 동안 할 일을 단 이틀 만에 해치우기도 하지만, 200년 동안 공들인 일을 2년 만에 무너뜨리기도 한다"고 했습니다. 때 맞춰 제도개혁에 합의할 수만 있다면 혁명은 피할 수 있습니다.

어떤 사람들은 말하겠지요.

"혁명을 피해야 한다고? 병폐를 쓸어내는 데 그게 가장 좋은 방법이 아닌가? 프랑스대혁명은 특권층의 권력남용에 종지부를 찍지 않았던가? 러시아혁명은 생활조건을 평준화시키고 대중의 생활방식을 개선하지 않았는가?"

물론 그랬지요. 하지만 그 성과는 무시무시한 희생을 치른 끝에 얻은 것입니다. 혁명의 도화선에 불을 붙인 세대는 결코 혁명의 혜택을 받지 못하는 법입니다.

만일 프랑스 왕이나 러시아 황제가 좀 더 현명한 사람이었고 세상물정에도 밝았다면 그같은 살육이나 고통 없이도 비슷한 결과를 얻었을 것입니다. 프랑스가 고귀한 피를 흘리고서야 얻은 모든 것을 영국은 혁명을 하지 않고도 손에 넣었습니다.

어떻게 살아가야 할 것인지 다시 이야기해본다면 나는 여러분에게 관대하고, 대담하며, 여러분의 이익에 반대된다고 해도 올바른 개혁이라면 받아들일 준비를 하고, 국가 간의 전쟁이든 내전이든 모든 전쟁에 단호히 저항하기를 바랍니다. 그러나 다른 사람들이 여러분에게 싸움을 걸어온다면, 두려움이나 증오심 없이 용기와 원칙을 가지고 맞서세요.

"악덕이 사람을 부추기기만 할 때, 미덕은 제가 스스로 나서서 싸웁니다."

우리 시대의
위험

　내 또래 사람들은 자신들의 젊은 시절은 찬양하면서, 여러분의 젊은 시절은 나무라기 일쑤입니다. 그들은 다음과 같이 말합니다.
　"1914년 이전 프랑스인들이 누렸던 안정을 떠올려보라. 1870년 전쟁 이후로 전쟁은 없었다. 전쟁은 오늘날 대량파괴와 살육에 비하면 애들 장난 같은 것이었다. 때로 전쟁이 일어날 것이라고 해도 그것을 믿는 사람들이 없었다. 당시 무기는 군인들만 위협했을 뿐, 전선에서 멀리 떨어져 있는 시민들은 평화로운 일상을 누렸다. 통화도 안정되어 있어서 1달러는 5프랑, 1파운드는 25프랑이었다. 모든 게 신의 섭리로 정해진 듯 확고부동해 보였다. 아버지들은 가족의 미래를 위해 면밀한 계획을 세웠다. 세금이나 집값도 합리적인 선에서 결정되었다. 원자력의 이용도 안전하고 안정적이었고, 제자리를 지켜야 할 것들은 항상 제자리에 있었다. 처녀들은 대부분 혼전순결을 지켰고, 농부든 직공이든 상인이든 아들은 아버지의 뒤를 이었다. 가정에서도 전통은 유지되었다. 그런데 오늘날은……."

나도 물론 20세기 초를 좋아했습니다. 젊고 자신만만했지요. 하지만 이런 전원풍의 이미지가 진실이 아니라는 것을 잘 알고 있습니다. 자신의 미래를 믿었던 사람들은 소수였지요. 대부분은 병들거나 늙었을 때 보장받을 길이 없었습니다.

대다수 프랑스인들은 안락함이나 여가를 누리지도 못한 채 불안하게 살았습니다. 언제나 빡빡한 노동시간에 얽매여 유급휴가는 바라지도 못했습니다. 실제 여러 사건들이 보여주듯 군사적 안보에 대한 환상을 갖고 있었지만, 전쟁의 위협은 사라지지 않았습니다.

직접세가 가벼웠던 건 사실입니다. 하지만 국가는 으레 치러

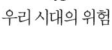

야할 비용을 떠맡는 법이 없었습니다. 가난뱅이, 병약자, 노인들의 생활은 요즘보다 훨씬 고통스러웠습니다. 나는 결코 그때를 황금시대라고 생각하지 않습니다. 나는 황금시대라는 것을 믿지 않습니다. 인간은 인간일 뿐입니다. 다시 말해 영웅과 난폭한 맹수가 뒤섞여 있는 존재입니다.

자연의 법칙은 변하지 않습니다.

"옛날 눈雪이나 지금 눈이나 희기는 매한가지였습니다. 눈송이는 그때도 지금처럼 소리 없이 가볍게 소용돌이치며 떨어졌지요."10

사람들은 늙으면 과거를 아쉬워합니다. 늙은이들은 "옛날 좋은 시절에는" 하는 말을 입에 달고 살면서, "옛날 좋은 시절에는 사랑을 알았다" "옛날 좋은 시절에는 젊은이들이 공손해서 지금처럼 검거나 번쩍이는 점퍼를 입지도 않았다"라고 말하지요.

그건 사실이 아닙니다. 오늘날이라고 모든 게 제대로 돌아가는 건 아니지만, 어떤 일은 과거에 더 참혹했습니다. 여성들이

10_ '옛날 눈'이라는 표현은 프랑스어에서 쓰이는 관용구다. 이미 흘러간 일, 되돌릴 수 없는 일을 뜻한다.

더 정숙했었다고요? 처녀들은 방탕하지 않았다고요? 천만에요. 루이 15세 시기는 이전이후 역사에서 가장 퇴폐적인 시기였습니다. 세상이 불안에 빠져 살지 않았다고요? 무슨 말씀을요. 16세기 종교전쟁은 20세기의 이념전쟁과 비교했을 때 훨씬 더 살벌했습니다.

"현실을 있는 그대로 받아들이고 다가오는 미래를 인정해야 한다. 나는 비행기 시대에 살고 있다. 나는 역마차에 대한 향수가 없다. 옛날 눈은 없어졌다. 이젠 눈과 그 백색만이 있을 뿐이다."[11]

모든 것을 따져봤을 때 내가 진정 경이로운 시대를 살아왔다는 게 참 대견합니다. 현대 인류는 조상들이 2만 년에 걸쳐 발견한 것보다 훨씬 더 많은 자연의 비밀을 반세기 만에 밝혀냈고, 지나칠 만큼 막대한 에너지 자원을 개발했습니다.

또 우주를 탐험하며 별과 별 사이의 허공을 헤엄쳤고, 음속보다 세 배는 더 빠른 속도로 도시와 도시 사이를 날았으며, 인간

11_ 레지스탕스 출신 작가이자, 고위 관리였던 가브리엘 들로네이의 말이다.

두뇌보다 더 계산도 잘하고 조직도 잘하는 컴퓨터를 만들어냈습니다.

이 사실들은 정말 흥미롭고 감탄할 만합니다. 여러분 세대는 더 빨라진 속도로 이 발견의 행진을 계속할 것입니다. 모든 건 여러분이 해야 할 일입니다. 생물학을 물리학의 특징인 정교하고 치밀한 수준까지 끌어올리는 일, 유전의 법칙을 밝혀내는 일, 정치경제학을 정확한 과학으로 만드는 일도 포함됩니다. 과제가 부족할 리는 없습니다. 더 많이 찾아낼수록 우리가 아는 게 없다는 것을 더 절감하게 될 것입니다.

하지만 발견만으로는 충분하지 않습니다. 발레리는 남들이 발견해낸 것에 제 것을 덧붙여야 한다고 했습니다. 우리는 최근 발명품조차도 이해하지 못하고 있습니다. 여러분은 장 로스탕[12]이 한 말을 알고 있을 테지요.

"인간은 강해지는 법을 배워야 한다."

강해지라는 것이지, 만능이 되라는 것은 아닙니다. 어떤 일이

12_ 장 로스탕은 프랑스의 유명한 희곡작가인 에드몽 로스탕의 아들로, 생물학자인 동시에 문필가다.

든 정도가 지나쳐서는 안 되니까요. 지구에서 달로, 나아가 화성이나 금성, 또는 혜성이나 은하수까지 여행한다는 것은 인간의 아이디어와 연구에 굉장한 용기를 주는 것이지만 우주의 관점에서 보면 별것 아닙니다.

만일 극소極小세계에서 어떤 전자電子에 거주하는 자가 다른 전자로 옮겨갈 방법을 발견한다면 모든 전자 거주자들이 기적이라고 떠들겠지요. 그런데 그게 왜요? 그것은 극도로 미세한 단계에서 일어난 일이고 어떤 우주적 중요성도 없는 일입니다.

우리는 허공 속으로 네 걸음[13]을 디뎠다고 하지만 무한대의 관점에서 네 걸음이 무슨 의미가 있겠습니까? 우리는 유전인자를 운반해주는 일련의 분자들에 대해 그 정체를 알아냈다고 믿고 있지만, 그 분자 하나하나도 그 자체로서 하나의 세계일 텐데 그 세계 속에서 무슨 일이 일어나고 있는지 우리는 여전히 모르고 있습니다.

파스칼이 말하는 극소, 극대 두 개의 무한은 우리의 손이 미칠

13_ '네 걸음'은 엎드리면 코 닿을 곳을 뜻하는 프랑스어의 관용표현이다.

수 없는 곳에 있고 또한 앞으로도 영원히 그럴 것입니다. 우리는 신이 아닙니다. 다만 우리는 우리의 진흙덩이 위에서 우리의 단계에 맞춰 매우 강하게 되었을 뿐입니다. 남은 문제는 이러한 힘을 가진 것에 걸맞는 위신을 갖추는 일입니다.

우리에겐 문명과 인류를 파멸시킬 수 있는 물리적 수단은 있지만, 그와 같은 파멸을 저지할 수 있는 도덕적 수단은 없습니다. 여러 나라가 대륙간탄도미사일을 위협적인 태도로 앞다투어 과시하고 있는 상황에서 지금과 같은 단계적 군비확산이 계속된다면, 마침내 인간의 체면을 깎는 정도가 아니라, 인류를 온통 멸절시키는 날이 오지 않는다고 누가 장담하겠습니까.

여러분 세대의 임무는 이 바보스럽고 유치한 장난을 멈추는 것입니다. 호메로스의 책 속에 나오는 영웅들이 자유롭게 서로 욕설을 퍼부었던 것은 이해할 만합니다. 그들은 명예에 관한 문제를 일대일 결투로 해결했습니다.

18세기 군주들은 무기를 써서 영토 문제를 다투었습니다. 이런 일들이 비난을 받기는 했지만, 당시 사람들에게는 엄격한 원칙과 절차가 있었습니다. 그들은 용병만을 고용했습니다. 그러나 우리 시대 지도자들이 핵전쟁을 일으키려고 한다면 이것은 절대 용서할 수 없습니다. 어떤 전쟁도 수억만 명의 인간을 죽일 만한 가치가 없습니다. 하물며 고작 말다툼 때문에 빚어지는 전쟁이라면 더 언급할 필요도 없습니다.

오늘날 우리를 분열시키는 것은 폐부를 찌르는 것 같은 오만함, 특히 말을입니다.

"이해관계란 언제나 타협할 수 있지만 감정문제는 절대 타협이 안 됩니다."

동서 양 진영은 이익만 생긴다면 언제든 교역을 해왔습니다. 상업적인 계약의 문제는 쉽게 합의가 이루어집니다. 정치와 경제적 제도는 다르지만 서로 다가가려고 노력합니다. 자유기업주의를 택한 서방세계도 국가의 수많은 간섭을 받아들이고 있습니다. 사회주의를 채택하고 있는 동구권도 경제 부문에서는 서구식 고용을 용인하고 오히려 권장하고 있습니다.

"사람이 얼근히 취해 갈증을 푸는 것은 술병에 붙은 상표 덕분이 아닙니다."[14]

양쪽 진영의 국가원수들에게는 말다툼을 포기한다는 것이 어려운 일입니다. 그들은 말다툼을 해서 그 자리까지 올라갔습니다. 그들은 적을 괴물로 만들어서 자신의 권위를 정당화하고 군중을 열광시키고 적개심에 불을 지릅니다.

적개심의 불꽃은 시도 때도 없이 피어납니다. 여러분의 역할은 어느 진영에 속해 있건 광신주의를 몰아내고, 그런 방법을 쓰지 않고도 훌륭한 통치를 펼칠 수 있다는 것을 보여주는 일입니다. 최근 통찰력 있고 현실주의적인 국가원수들이 그러한 사실을 깨닫는 것 같습니다. 그들은 서로 헐뜯는 일을 중지했습니다. 하지만 이 세상에는 아직도 광포한 자들이 많기 때문에, 여러분의 임무는 그리 쉽지 않을 것입니다. 여러분이 말다툼을 이겨내는 일은 전 인류가 사느냐 죽느냐의 문제가 될 것입니다.

이보다는 덜 위험하지만 상황은 전혀 다른 분야인 예술의 영역에서도 여러분은 말과 투쟁을 해야 합니다. 문학에서는 어떤 시대를 막론하고 앙시앙 그룹[15]과 모던 그룹, 고전파와 낭만파가 서로를 축출하려고 했습니다. 그렇지만 일종의 보편적인 묵계가

14_ '체제'라는 이름의 상표야 어떻든 술이라는 '내용물'을 마셔야 사람이 취한다는 뜻이다.

있어서 모든 시대의 대가大家들은 정당한 대우를 받았습니다.

위고[16]는 호메로스나 라블레, 몽테뉴, 코르네이유[17]를 존경했습니다. 요즘 문학 예술인들은 구시대 형식이 효력을 잃었고, 새로운 화법畵法은 모든 화법에 조종을 울렸으며, 재래식 건축법은 현대 도시에서 설 자리를 잃었고, 누보로망(신소설)이 이전까지 소설들을 땅에 묻어버린 결과 줄거리 본위의 소설을 쓰는 것은 범죄에 해당하며, 에로티즘이 감정 묘사를 몰아냈다고들 말합니다. 그 뒤로도 이런저런 말들이 많았습니다.

우리 시대의 위험이란 비도덕적인 사람이나 건달, 강도, 부랑자들이 있다는 것을 뜻하진 않습니다. 그런 진흙탕은 모든 문명 사회의 가장자리에 항상 존재해왔으며, 위대한 예술가는 진흙탕 속에서 태어나곤 했습니다.

우리 시대의 위험이란 선의를 가진 작가들조차 비도덕적인 짓, 비열한 짓, 약육강식, 추악한 예술 따위를 정당화하는 것이

15_ 프랑스어에서 '앙시앙 ancien'은 오래된 것, 이전에도 계속 있었던 것을 뜻한다.
16_ 낭만파의 대표 작가다.
17_ 세 사람은 고전파의 대표 작가다.

용감한 행동이라고 믿는다는 점입니다. 하지만 이런 짓은 영웅적인 행동이 아닙니다. 그건 오늘날 가장 평범한 순응주의에 불과합니다.

우리와 동시대를 살아가는 어떤 이가 말한 것처럼, 위험은 예술 유파의 가면을 쓴 모종의 음모들, 문학사조를 열어간다면서 고작 문장부호나 따지고 있는 행태들, 신앙심을 부흥시키지는 못하고 정신분석이나 하고 있는 종교인들, 신비로움 대신 부조리, 행복 대신 안일함을 전파하는 일들입니다. 또 다른 더 큰 위험은 대중이 이러한 추세에 반항할 힘을 잃어버렸다는 점입니다.

17세기만 해도 예술이나 문학 애호가들은 저마다 확실한 감식안이 있었습니다. 물론 그들이 베르사유 궁전을 찬양하면서 고딕식 성당이나 고대 입상의 아름다움을 이해할 능력까지는 없었을 것입니다.

몰리에르는 그들 중에는 바보짓을 찬미하는 바디우스나 트리소탱 같은 자[18]들도 섞여 있었다고 했습니다. 그러나 그들에게

18_ 바디우스와 트리소탱은 17세기 몰리에르가 쓴 희곡 〈유식한 여인들〉에 나오는 인물들이다.

아무렇게나 내뱉은 말이나 아무 뜻도 없는 말로 가득찬 글, 혹은 화가가 정신착란 상태에서 붓으로 색깔을 뒤범벅해놓은 그림을 보여주었다 해도 그들이 그 글과 그림을 칭찬하는 일 따위는 결코 없었을 것입니다.

앞으로 우리는 믿기 힘들 만큼 미친 짓들을 보게 될 것입니다. 영국 신문들은 어느 피아니스트가 떠들썩하게 홍보한 침묵의 연주회를 보도한 적이 있습니다. 연주 당일이 되자 객석은 만원이었습니다. 침묵의 연주자는 건반 앞에 앉아서 연주하는 것 같아 보였지만, 사실은 모든 피아노 줄이 미리 다 제거되어 있었던 터라 피아노 건반과 연결된 해머가 현을 때리는 소리가 전혀 들리지 않았습니다. 청중들은 항의를 해야 할지, 어쩔지 몰라 곁눈질로 옆을 바라보았습니다. 사람들은 태연하게 앉아 있었고, 모든 청중은 참을성 있게 움직이지 않았습니다.

두 시간 동안의 침묵 연주 끝에 음악회는 끝이 났고, 연주자는 일어서서 인사를 했습니다. 우레 같은 박수소리가 그를 환호했습니다. 다음 날 TV에 나온 침묵의 음악가는 전날 일을 이야기를 하면서 다음과 같이 말을 맺었습니다.

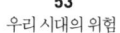

우리 시대의 위험

"나는 인간의 어리석음이 어디까지 갈 수 있는지 실험해보고 싶었을 뿐이었습니다. 실로 인간의 어리석음은 끝이 없더군요."

나는 인간의 어리석음이라기보다는 차라리 인간의 약점이라고 말하고 싶습니다. 객석의 청중들은 아무 소리도 들리지 않는다는 것을 잘 알고 있었으면서도, 항의를 하다가는 시대의 조류를 따르지 못한다는 비난을 들을까 염려했던 것입니다.

장 콕토는 "대중들은 당하는 일이 하도 많아서 이제는 제 뺨을 쳐서 갈채를 보내는 꼴이 되었다"고 했습니다.

실제는 이해하지도 못하면서 찬양하는 척하는 악습을 '속물근성'이라고 부르고 싶습니다. 여러분이 속물근성을 말끔히 추방하는 것은 불가능할지라도, 그 폐해를 막기 위해 힘껏 저항해야 합니다.

잠깐, 예술의 새로운 형식을 거부하라는 건 아닙니다. 때로 충격이란 필요한 것입니다. 충격은 우리를 일깨우기도 합니다. 충격은 예술작품의 중요한 요소입니다. 한 시대에 난해하다고 여겨지던 것도 다음 시대에는 흔해빠진 생각이 되고 맙니다. 인상파들은 비웃음과 비난의 대상이 되어 오랫동안 비참 속을 헤맸

습니다. 하지만 오늘날 그들의 그림은 미술관의 명예가 되었습니다.

쥘 르메트르는 베를렌느와 말라르메를 비웃었고, 생트 뵈브는 보들레르가 옷 잘 입고 예의바른 젊은이지만 시를 쓸 생각은 말았어야 할 위인이라고 했습니다.[19] 앞 시대에 배척을 당했던 사람들이 다음 시대에 대가가 되는 일이 더러 있습니다.

한동안 스캔들이나 만들어냈던 초현실주의 덕분에 우리는 아라공 같은 좋은 작가를 갖게 됐습니다. 미셸 뷔토르, 나탈리 샤로트, 로브 그리예, 클로드 시몽, 클로드 모리악은 그들의 문학 이론은 별개로 치더라도 많은 재능을 지닌 작가들인 것은 분명합니다.[20]

내가 여러분에게 바라는 것은 두 가지입니다. 지나간 대가들을 가볍게 보지 마십시오. 그들이 살아남은 것은 그럴 만한 자격이 있었기 때문입니다. 그리고 여러분의 솔직한 생각에 아름답

19_ 모두 19세기 프랑스의 문인들이다.
20_ 이들은 제2차 세계대전 이후에 나타난 작가들로, 이른바 누벨바그 운동을 이끌었다. 반反소설, 반희곡 작가들이다.

다고 여겨질 때가 아니고는 절대로 새로운 형식에 이끌리지 마세요. 여론은 좋은 안내자도 나쁜 안내자도 아니랍니다. 여론은 안내를 하지 않습니다. 여론은 동요를 일으킬 뿐입니다. 수없는 세대를 거쳐오면서 찬양을 받았던 사람들에 대해 호의적인 생각을 갖되 여러분의 취향을 따르도록 하세요.

삶의 목표

　인간은 살면서 음식을 먹고 사랑을 하고 아이를 낳고 일을 합니다. 왜 그런 걸까요? 괴테는 "그것은 잘 다져진 기초 위에 인생 피라미드를 하늘 높이 쌓아올리려는 욕망 때문이다"라고 했습니다. 여러분의 인생을 걸작傑作으로 다듬는 일은 삶을 건축하는 매우 고상한 방법입니다.

　어떤 사람들에겐 잘 다져진 기초가 주어져 있습니다. 내 경우를 보세요. 나는 지방의 사업가 집안에서 태어났습니다. 나는 아버지의 가업을 이어받아야 할 처지였습니다. 그런데 문화적 교양이 높으신 어머니가 내게 문학에 대한 취미를 북돋워주셨습니다. 이것이 출발점이었습니다. 이 기초 위에 나는 힘이 닿는 만큼 내 피라미드를 쌓았습니다.

내가 여러분 나이였을 때 나는 내 피라미드가 어떤 모양이 될지 전혀 몰랐습니다. 인생 지도를 그려본 적도 없었습니다. 나는 그저 단기 계획만을 세워왔습니다. 이런저런 책을 써보겠다든가, 어떤 대학에서 가르쳐보겠다든가, 어떤 사람들에게 어떤 사실을 설득해보겠다든가. 내 계획들도 우연히 중단되거나 묻혀버리기도 했고, 때론 더 좋아질 때도 있었습니다.

예기치 못한 사건들이 내게 작품 주제를 떠오르게 하는 일도 있었습니다. 내 작품은 처음에 구상했던 것과 아주 딴판으로 되곤 했습니다. 증오심이 나를 얼어붙게 했다가 우정이 다시 데워주는 일도 있었습니다.

내 피라미드는 기단부가 휘어지고 모서리도 고르지 않은 불완전한 상태로 하늘을 향해 올라가고 있었습니다. 그래도 거의 정상에 가까워졌습니다. 이 피라미드가 잘 됐건 잘못됐건 완공되는 날이 오면 건축가는 사라질 수밖에 없습니다.

여러분은 젊습니다. 여러분에게 주어진 기초 위에 여러분의 피라미드가 될 건축물의 첫 번째 주춧돌을 막 놓기 시작하고 있는 셈이지요. 나는 여러분이 내 실수에서 뭔가 얻었으면 좋겠습니다. 내 피라미드는 결코 내가 바라던 것이 아니었습니다. 왜냐고요? 지금와서 되찾을 수 없는 귀중한 시간을 많이 잃어버렸기 때문입니다. 여러분은 이렇게 말할지도 모르겠습니다.

"시간을 낭비하셨다고요? 도대체 선생님처럼 1분조차도 유익한 일로만 채워 60초가 되게끔 일해오신 분이 또 어디에게 있겠습니까?"

천만에 그렇지 않아요. 내가 일을 많이 한 것은 사실이지만 헛일을 한 경우도 적지 않았습니다. 시간을 뺏기기만 하고 내 피라미드에 돌 하나도 보태지 못한 강연회라든가, 원치 않은 여행을 얼마나 많이 했는지 모릅니다.

내가 실수를 저지른 것은 야심이나 탐욕 때문이 아니라, 잘못된 친절 때문이었습니다. 나는 단호하게 거절할 줄을 몰랐습니다. 여러분, 단호하지 않으면 거절할 방법이 없습니다. 나는 친구의 마음을 아프게 하거나 고통을 주기 싫었습니다. 만일 여러분이 문학, 과학, 정치, 사업 어느 분야건 걸작 피라미드를 쌓고 싶다면, 그 전체를 위해 그리고 매순간을 위해 여러분을 바치세요. "예술은 길고 인생은 짧다"고 합니다.

마르셀 프루스트가 만일 주의력이 분산돼 있었다면 《잃어버린 시간을 찾아서》를 쓸 수 있었겠습니까? 발자크도 현실 세계에만 집착했다면 과연 하나의 세계를 창조할 수 있었겠습니까? 파스퇴르나 플레밍이나 아인슈타인도 레이저 광선이 한 점으로 집중되듯이 그들의 주의력을 집중하지 않았다면 과연 아무도 몰랐던 자연의 법칙을 발견할 수 있었을까요?

여러분도 노력을 쏟아부어야 할 대목을 잘 선택하세요. 일단 선택이 이루어지고 나면 변하지 말고 항상 불타오르며 본질을 꿰뚫어 보려는 태도를 가지세요.

이 선택이 다른 사람들에게는 값어치 없는 물건처럼 대접받을 수도 있습니다. 여러분이 내린 결정을 모든 힘을 다해 밀고나가는 것이 중요합니다.

파브르나 플레밍의 친구들도 두 사람이 곤충이나 세균에 인생을 바치는 것을 이상하게 생각했습니다. 발레리의 친구들은 그가 청년시절에 애매모호한 시를 다듬느라 여러 해를 바치는 것

을 이해하지 못했습니다. 아름다운 시를 쓰고 자연의 법칙을 새롭게 발견한 일은 그것을 해낸 사람과 더불어 영원불멸입니다.

이야기를 하다보니 내가 너무 위인들에 대한 찬양만 늘어놓은 것 같군요. 장차 여러분 모두가 천재 반열에 끼게 될 운명은 아닐 테지요. 그게 중요한 건 아닙니다. 목표야 어떻든 지켜야 할 원칙은 같습니다.

"가장 사소한 일을 할 때도 가장 훌륭한 방법을 써야 한다는 걸 배우세요."

장사를 하거나 공장을 운영할 때도 최선의 방법은 있습니다. 거기에도 신중함과 대담함이 적절히 배합된 집중적인 주의력과 엄격함이 필요합니다.

나는 어제 한쪽 다리를 저는 젊은 책방 주인이 일하는 모습을 봤습니다. 그 남성은 최선을 다해 책을 고르고 손님에게 도움이 되는 말을 해주었으며, 또 작가나 독자에 대한 정성도 대단했습니다. 그의 피라미드는 다른 사람 눈에는 초라해 보일지 모르지만 내 눈에는 위대한 성취로 가득한 하늘을 향해 힘찬 도약을 하고 있는 것처럼 보였습니다.

이해가 됩니까? 절대적인 의미에서 인생의 목표가 '성공'을 거두어 주위에 빛을 뿌리는 데 있는 건 아닙니다. 그런 의미의 성공은 인생의 부산물로 얻을 수도 있고 혹은 주위 여건 때문에 놓쳐버릴 수도 있습니다. 인생의 목표는 여러분이 선택한 일을 최고로 잘 해나가는 것입니다.

나는 시골에 과수원을 갖고 있습니다. 그곳을 운영하는 남성은 명성 같은 건 전혀 관심도 없습니다. 그의 목표는 좋은 사과를 되도록 많이 따는 일입니다. 그는 이론 공부도 많이 했고, 실제 경험도 쌓았기 때문에 훌륭하게 준비된 사람입니다. 낮에는 종일 일하고 저녁이면 다른 과수원들에 관한 정보를 알아보려고 원예 잡지를 읽습니다. 일꾼들을 정렬적으로 감독하고 그들과 우정을 나눕니다. 그는 인접 학문의 공부도 게을리하지 않습니다. 벌에 의한 꽃가루받이, 일기예보, 곤충의 역할에 대해 모르는 게 없습니다. 그는 세상에서 가장 뛰어난 과수원 운영자입니다. 더 바랄 것이 없을 정도입니다.

여러분도 작은 일을 하십시오. 하지만 완벽하고 멋지게 해야 합니다. 여러분은 어떤 전문 분야에서도 훌륭한 인물이 될 것입니다.

여러분의 이야기는 널리 알려질 것입니다. 완벽하다는 건 흔한 일이 아니기 때문이죠. 나는 그저 일을 잘해보겠다는 생각 말고는 다른 욕심도 없이 외진 그늘에서 묵묵히 일해오던 장인匠人들을 알고 있는데 이들은 오랜 고생 끝에 인정을 받고 평판이 높아지자 재정적인 후원을 얻게 됐습니다.

이들은 세 아가씨들이었는데, 투렌의 농장에서 돈도 후원도 없이 자기들이 직접 양을 치고 양털을 염색해서 거기에 고풍스러운 디자인을 넣어 융단을 짰습니다. 생활은 고달팠지만 천직에 대한 믿음을 잃지 않았습니다. 그러던 어느 날 '천직후원회'라는 재단에서 그녀들을 알아보고 세상에 알렸습니다. 그 아가씨들은 인생의 게임에서 승리한 셈이지요.

해피엔딩이 무슨 원칙이나 되는 것처럼 말하려는 건 아닙니다. 베르나르 팔리시[21]도 새로운 형식의 아름다움을 발견해냈지만, 그 때문에 많은 고통을 겪었습니다. 한동안은 위험에서 벗어

21_ 베르나르 팔리시(1509~1590)는 16세기 프랑스의 도예가다. 에나멜 도료를 합성해내는 데 성공했으나, 칼뱅 신교파라는 죄목으로 옥사했다.

난 줄 알았지만, 신교도였던 그는 결국 종교적 박해로 감옥에 갇혔다가 고통을 이기지 못하고 그곳에서 죽고 말았습니다.

그의 경우는 현실세계에서는 실패했지만, 영혼의 세계에서 보면 그렇지 않습니다. 여러분에게 나는 성공을 보장할 수는 없습니다. 성공이란 근면과 능력 못지않게 운수에도 달린 거니까요. 단 한 가지, 만일 여러분이 어떤 경우에도 품위와 위엄과 용기를 잃지 않고, 근본원칙에서 추호도 양보를 하지 않는다면, 진정으로 패배하는 일은 결코 없을 것입니다.

다시 되풀이하지만, 목표는 성공도 아니요, 또 플루타르코스[22]가 말한 것처럼 '보잘것없는 것을 정복하는 일'도 아닙니다. 삶의 목표는 매순간마다 제 안의 풍경 속으로 빛을 쏘아보냄으로써 자신이 이루어놓은 일을 자랑스럽게 여기거나, 아니면 최소한 그것을 부끄러워하지 않게 되는 것입니다.

노년에 이르러 존경을 받는다면 기쁜 일입니다. 나약한 노년

22_ 플루타르코스는 《플루타르크의 영웅전》으로 널리 알려진 그리스의 철학자이자, 정치가이며 작가다.

은 위안의 힘이 필요합니다. 하지만 불행히도 늘그막에 존경을 받지 못한다고 하더라도 여러분 자신이 '나는 언제나 내 영혼과 양심에 비추어 가장 정당하고도 현명한 방식으로 살아왔다'고 말할 수만 있다면 무슨 상관이 있겠습니까?

인생의 목표는 불멸의 명예를 보장받는 게 아닙니다. '흑색 월계관을 쓴 가냘픈 불멸'을 얻으려는 게 아닙니다.[23] 그것은 하루하루를 작은 영원永遠이 되게 살아가는 일입니다.

행복해지는 것도 역시 인생의 목표입니다. 몽테를랑은 말했습니다.

"나는 인생을 항상 두 가지 지침 아래 살아왔다. 하나는 언제나 하고 싶은 일을 마음이 내킬 때 할 것, 또 하나는 나를 지겹게 하는 일은 언제나 다음 날로 미룰 것, 이 두 가지다."

그는 자신의 말대로 살면서도 훌륭하게 살았습니다. 그러나 몽테를랑이 언제나 하고 싶은 일을 할 수 있었던 것도 따지고보

23_ 이 책 곳곳에서 앙드레 모루아는 별다르게 피인용자를 밝히지 않고 대가들의 유명 시구를 옮겨다 쓴다. '흑색 월계관을 쓴 가냘픈 불멸'은 폴 발레리의 유명한 시 〈해변의 묘지〉에서 한 대목을 패러디했다.

면, 걸작 피라미드를 만들어보겠다는 의욕이 있었기 때문이고, 또 실제로 걸작을 만들 수 있었기 때문이었습니다.

  예술가란 하고 싶은 일을 오늘 하고 지겨운 일을 다음으로 미룰 권리가 있습니다. 괴테도 언제나 제일 쉽다고 생각되는 일부터 시작했습니다. 하지만 정치, 군사, 경제 분야에서 같은 원칙이 적용될 수는 없습니다. '시간은 촉박한데 세상은 기다려주지 않는 법'이거든요.

교양인의 조건

나는 여러분이 앞으로 어떤 커리어를 갖게 될지 알지 못합니다. 여러분은 문학이나 과학에도, 법률이나 정치에도 소질이 있는 듯 보입니다. 여러분은 공직公職을 선택할 수도 있고, 민간기업이나 연구소에서, 혹은 활동가로 일할 수도 있습니다. 아무튼 어떤 일을 하기로 결정해도 기본 교양이 필요할 것입니다. 그것이 피라미드의 첫 번째 주춧돌입니다.

이제 그 이야기를 할까요? 여러분은 학업성적이 우수했겠지요. 나는 여러분이 우등생이라면 으레 알고 있을 만큼은 역사와 문학에 대해 알고 있다고 봅니다. 역설적으로 아는 게 별로 없다는 것이지요. 여러분은 시선집詩選集을 통해 시인들의 이름을, 교과서를 통해서 역사학자들의 이름을 배웠을 것입니다. 그러나 교양인이 된다는 것은 모든 것에 대해 조금씩 안다는 게 아닙니다. 어떤 한 가지 주제에 대해 많이 안다는 것도 아닙니다. 그것은 몇 분의 위대한 영혼을 깊이 있게 알고 그분들의 자양분을 흡수하여 자기 것으로 만드는 일입니다.

나는 여러분에게 스승 몇 분을 소개하고 싶습니다. 이들은 일생동안 여러분과 함께할 것입니다. 나는 여러분이 그분들의 책을 끊임없이 읽고 또 읽기를 바랍니다. 여러분의 생각 속에서처럼 그분들의 생각 속에서도, 여러분의 추억 속에서처럼 그분들의 작품 속에서도 편안한 느낌을 갖기를 바랍니다.

발자크의 진정한 독자가 되려면 라스티냐이나 보트랭 같은 인물을 만나볼 생각으로 곧바로 책을 펴고 내용을 읽으면 됩니다. 그렇게 시작해서 이후로 오랫동안 친해집니다. 누구도 수많은 작가 모두와 친숙할 수는 없습니다. 선택을 해야 합니다. 여러 작가를 만나면서 또 취향에 따라서 조금씩 선택을 해나갈 수밖에 없습니다.

내 역할은 건전하다고 생각되는 자양분 같은 후보들을 추천하는 것입니다. 어떤 것은 여러분에게 맞을 것이고 어떤 것은 그렇지 않겠지요. 여러분이 선택하세요.

우선 그리스 작가부터 시작하지요. 내가 보기에 여러분은 호메로스, 에스킬레스, 소포클레스, 아리스토파네스를 좋아할 것 같네요. 앙드레 지드는 "《일리아스》처럼 재미없는 책은 없다"고 말했지만, 《일리아스》는 결코 따분하지 않습니다. 《오디세이아》도 그렇고요. 플루타르코스는 지금까지 항상 모범의 원천이었습니다. 엄선된 장서 목록에서 호메로스 옆자리에 플루타르코스의 자리를 마련해주도록 합시다. 그 옆에 플라톤의 자리도 있어야 합니다.

물론 여러분이 기독교 신자이건 아니건 구약성서와 신약성서도 빼놓지 말아야 합니다. 그리고 에픽테토스, 마르쿠스 아우렐리우스, 세네카의 자리도 있어야 합니다. 나는 그들에게서 균형 잡힌 도덕을 배웠습니다. 여러분이 라틴어를 잘한다면 시인 몇 사람을 추가하겠습니다.

베르길리우스, 호라티우스, 루크레티우스, 유베날리스와 같은 애가哀歌 시인이 있습니다. 번역을 통해서 읽으면 그들의 매력이 사라집니다. 호메로스는 번역으로 읽어도 견딜 만하고, 타키투스 작품은 잘된 번역이라면 프랑스어로 읽어도 황제다운 간명함을 보여줍니다.

여기서 몇 세기를 뛰어넘도록 하지요. 라블레는 몽테뉴에는 미치지 못하지만 여러분의 영혼을 세련되게 해줄 것입니다. 16세기까지 우리의 선택을 세 권으로 제한한다면, 나는 호메로스, 플루타르코스, 몽테뉴를 선택하겠습니다. 알랭은 해마다 위대한 시인 한 명을 다시 읽는 것을 규칙으로 삼았고, 나도 그 규칙을 따랐습니다. 비용과 롱사르와 뒤 벨레에게도 각각 한 해씩을 할애하세요. 16세기는 이런 정도입니다.

17세기는 선택이 별로 까다롭지 않습니다. 모든 작품이 다 좋습니다. 하지만 인생의 동반자를 고르는 일이니, 나는 문체의 모범이라고 할 수 있는 카르디날 드 레츠와 생시몽의 《회상록》을 권하겠습니다. 코르네유의 극작품도 여러분에게 명예를 가르쳐 줄 것입니다. 몰리에르 극작품은 현명함을 보여주고, 보쉬에의 《추도사》는 파이프오르간의 합주곡과 같습니다.

그리고 라퐁텐의 《우화집》도 있습니다. 게다가 라신의 시詩에도 한 해를 바칠 만한데, 여러분은 앞으로 살아가면서 그의 작품이 무대에서 상연되는 것을 여러 번 볼 수 있을 것입니다.

18세기로 넘어와서는 몽테스키외를 권하겠습니다. 《법의 정신》은 여러분의 좋은 반려가 될 것입니다. 볼테르의 작품 중에는 《캉디드》를 권하겠는데 이건 시처럼 읽어야 할 것입니다. 디드로의 작품으로는 《달랑베르의 꿈》《맹인에 관한 편지》《라모의 조카》 같은 단편들을 권합니다. 그보다 더 지성적이고 좋은 글을 쓸 수는 없습니다.

마리보의 시詩에도 1년을 바치세요. 루소는 문제가 있습니다. 그의 《참회록》을 여러분의 반려 목록에 넣어주는 정도로 해둡시다. 나는 그의 《에밀》과 《누벨 엘로이즈》를 두 번 읽었는데, 한 번은 학사학위 준비 때문에 의무로 읽었고, 한 번은 오십대가 되어 호기심으로 읽었습니다. 그것으로 충분했습니다.

이제 위대한 19세기로 넘어가지요. 너무 풍요로워 당혹스러울 정도입니다. 우리 약속은 잊지 말아야지요. 제한된 권수로 영구히 간직할 장서목록 말입니다. 선택은 한계가 있어야 하고 신중해야 합니다. 콩스탕과 샤토브리앙은 당연하지요. 그가 쓴 《무덤

너머의 회상록》은 여러분 곁을 떠나지 않을 것입니다. 너무 노래하듯 쓰긴 하지만 때로 드 레츠나 생시몽에 못지않은 데가 있습니다. 이들과 함께 《세인트헬레나의 추억》도 갖춰 두세요. 나폴레옹에게는 인간에 대해, 권력에 대해, 그리고 문체에 대해 배울게 많습니다.

 스탕달과 발자크에 관한 한 선택의 필요가 없습니다. 모든 작품을 갖고 있도록 하세요. 나는 60년 이상 두 소설가와 함께 살고 있고 그들의 작품을 읽을 때마다 새로운 아름다움을 발견한답니다. 스탕달은 명예로 가득차고, 좀 광적인 데가 있고, 하지만 음미할 만한 처세법을 가르쳐줄 것입니다. 발자크는 가장 사악한 것에서 가장 훌륭한 것에 이르기까지 갖가지 처세법을 알게 해준답니다. 그는 사회의 복잡한 톱니바퀴를 분해해서 보여줄 것입니다. 프랑스 사회는 발자크가 관찰했을 당시와 크게 달라진 게 없습니다.

 프랑스는 여러 변혁을 겪었지만 아주 평범했던 19세기 말보다는 《인간희극》의 시대와 더 많이 닮아 있기 때문입니다.

 샤토브리앙, 발자크, 스탕달 세 봉우리가 그 당시 산맥을 지배

했습니다. 나는 생트뵈브가 쓴 평범한 사람들의 전기를 읽고 발자크 말처럼 다소 재미있다고 생각했지만, 그는 인간성이 불확실하고 동시대인에 대한 판단도 옳지 못했습니다. 플로베르는 천재성은 없었지만 재주도 있고 노력도 했기에 《보바리부인》과 《감정교육》 같은 좋은 작품을 쓸 수 있었습니다. 조르주 상드는 《나의 인생 이야기》 그리고 아마 《콩쉬엘로》의 시작 부분 정도가 읽을 만할 겁니다.

위고에 이르면 우리는 새로운 봉우리를 만나게 됩니다. 어떤 바보들은 그가 명석하지 않다고 하겠지요. 《견문록》과 《레미제라블》을 읽어보면 여러분도 판단이 설 겁니다. 그의 시 작품도 여러분의 반려가 될 수 있습니다. 위고는 젊었을 때부터 무덤에 들어갈 때까지 프랑스 어휘의 스승이었으며, 경이로운 운율의 창조자였고, 간명하면서 오래 남는 감정의 시인이었습니다.

그와 대비對比해서 내세우는 보들레르, 말라르메, 발레리, 베를렌도 그를 찬양하고 본받았습니다. 이들도 또한 위고와 더불어 여러분의 지성소에 자리를 허락하세요. 또 랭보는 여러분의 반항의 시기에 필요할 것입니다.

알랭은 "20세에 무정부주의자가 되어보지 못한 자는 30세가 되어도 소방대장직을 맡을 정열도 없다"고 했습니다.

뮈세의 희곡은 프랑스가 가진 가장 셰익스피어적인 작품으로 남을 것입니다. 그가 쓴 《뒤퓌와 코토네의 편지》는 즐거움을 줄 것입니다. 그의 많은 시들이 내 청소년 시절을 흔들어놓았습니다. 하지만 다시 선택을 해야 한다면 나는 위고를 택하겠습니다.

알랭은 테느와 르낭을 멸시했습니다. '저 문학의 문지기 같은 자들'이라고 말했지요. 나는 그처럼 심하게 말하진 않겠습니다. 그들이 쓴 《현대 프랑스어의 기원》과 《철학적 비극》 또한 기회를 주세요.

알랭은 메리메도 곱지 않은 시선으로 봤습니다. 하지만 나는 그 판단은 문학적이라기보다 정치적인 것이라고 생각합니다. 그는 메리메가 제2제정 때 원로원 의원직을 맡았었던 것을 용서하지 못했습니다. 사실은 메리메의 차가움 속에 감상적 인간의 수줍음이 숨어 있었습니다. 그가 무릎 위에 올려놓고 어르던 어린 황후가 그에게 체제의 잘못을 보지 못하게 만들었지요. 부끄러움에서 비롯된 메리메 문체의 건조함은 스탕달의 문체와 멀리 떨어져 있는 게 아닙니다. 그의 《카르멘》《에트루리아의 꽃병》《이중의 오해》를 읽어보세요. 나처럼 다시 읽게 될 것입니다.

지평선 위에 또 하나의 봉우리가 있습니다. 내가 젊은 시절을 함께 보낸 프랑스나 바레스 같은 작가들의 언덕 위로 마르셀 프루스트라는 아주 높은 산이 솟아 있습니다. 발자크에 견줄 만큼 위대한 프루스트는 발자크가 사회 전체를 묘사했던 것과는 달리 좁은 세계를 파고들었고, 회상, 감정, 예술적 창조를 통해 비길 데 없이 훌륭한 분석을 해냄으로써 여러분을 사로잡을 것입니다. 《잃어버린 시간을 찾아서》는 오로지 예술적 형식 속에서만 볼 수 있는 시간의 시詩입니다. 마르셀 프루스트는 엄선되고 신성한 발레리, 알랭, 그의 동시대인들 곁에 합류하게 될 것입니다.

여러분도 알다시피 알랭은 나의 스승이었습니다. 여러분에게도 그분이 스승이었으면 합니다. 플레이아드 판으로 엮은 그의 세 권의 책을 읽으면 도덕, 철학, 예술, 종교의 본질 같은 모든 것을 배울 수 있습니다. 문체도 거칠고, 연결성도 없어 처음에는 어려울 것입니다. 그래도 물고늘어지세요. 아름다움을 발견할 수 있을 것입니다.

내가 플라톤, 아리스토텔레스, 칸트, 데카르트, 헤겔, 콩트 같은 이들을 이해한 것도 알랭을 통해서였습니다. 더 나아가 내가 삶과 인간을 이해하게 된 것도 그를 통해서였다고 할 수 있습니다. 그가 나를 발자크 속에 던져넣은 것처럼, 나는 여러분을 알랭 속에 던지겠습니다. 여러분을 위해 이보다 더 값나가는 선물은 없습니다.

이제 베르그송과 클로델이 남았습니다. 이들이 여러분에게 자양분이 될지 두고보겠습니다. 내겐 좋은 자양분이었습니다. 아직 남은 작가들로는 외국인 대가들이 있습니다. 셰익스피어를 빠트릴 수는 없습니다. 호메로스 못지않게 모든 인류를 위한 신화의 원천이었습니다. 또 로페 데 베가, 조너선 스위프트, 찰스 디킨스, 에드가 앨런 포, 그리고 저 위대한 괴테, 단테, 세르반테스도 빼놓을 수 없습니다.

끝으로 인생과의 마술 같은 만남을 원한다면 러시아 작가들도 비켜갈 수 없습니다. 톨스토이의 걸작들, 《전쟁과 평화》《안나 카레니나》《이반 일치리의 죽음》을 뛰어넘는 작품은 없습니다. 그의 이론은 부자연스럽지만, 소설가로서 그는 경탄을 금치 못하게 합니다. 내 생각엔 도스토예프스키를 훨씬 능가하는 작가입니다. 본질적으로 두 사람이 양립할 수는 없기에 내가 눈이 멀었는지도 모르지요.

톨스토이의 옆에 체호프의 단편 선집과 희곡들을 꽂아두세요. 체호프처럼 내 가슴 깊이 있는 작가도 없을 것입니다. 여러분도 그를 좋아했으면 합니다.

거기다 고골리의 《죽은 영혼들》, 투르게네프의 《디미트리 루딘》《아버지와 아들》《연기煙氣》, 그리고 푸시킨의 콩트들을 덧붙이세요. 조이스? 카프카? 읽어보세요. 여러분에게 알맞은 자양분이 될 수 있는지 판단하세요.

자 이것들이 인생의 독서 프로그램입니다. 현대 작가들은 포함하지 않았습니다. 여러분이 고르세요. 아마 여러분은 말하겠지요.

"너무 짐이 무거워요. 학교 공부와 직업 때문에 읽어야 할 전문 서적도 많은데 그 많은 책들을 언제 다 읽으라는 거예요?"

일곱 작가로 한정시켜 실질적인 장서목록을 소개하겠습니다. 호메로스, 몽테뉴, 셰익스피어, 발자크, 톨스토이, 프루스트, 알랭. 여러분이 이들을 완전히 그 세밀한 내용까지 이해하게 되는 날에는 여러분은 벌써 상당한 교양을 갖춘 사람일 것입니다.

그러나 이런 문학교양을 위한 책 말고 과학교양을 위한 책도 추가해야 할 것입니다. 설사 여러분 직업이 그런 지식을 필요로 하지 않는다고 해도 말입니다.

"기하학을 모르는 자는 이곳에 들어오지 말라."[24]

요즘 세상도 물리, 화학, 생물을 모르는 사람은 '이곳에 들어오지' 못합니다. 클로드 베르나르가 쓴 《실험의학 방법서설》이야말로 현대 세계의 열쇠일 것입니다. 인간이 수학적 추리를 발견했을 때 인간의 모든 것은 처음으로 변모했고, 또 그 추리가 사실에 근거해야 한다는 것을 이해하게 됐을 때 두 번째로 변했습니다. 나는 여러분에게 모든 물리과학과 인문과학의 전문가 저서를 읽고 이해하라고 하는 건 아닙니다. 내 부탁은 단지 그들의 방법론과 연구의 진행상황을 알고 있으라는 것입니다. 여러분이 현자들과 그들의 비밀을 모른다면 어떻게 공장, 도시, 나라

---

[24]_플라톤이 자신이 세운 아테네의 아카데미아 현관문 위에 새겨놓은 문구다.

를 관리할 수 있겠습니까?

여러분이 잘 알지 못해서 현대 세계의 업적과 자랑거리인 과학적 탐구를 무시한다면 어떻게 그 현대 세계를 이해할 수 있겠습니까?

언젠가 이오네스코는 텔스타[25]가 단지 존재한다는 사실만으로 그 위성이 모든 나라에 중계하는 보잘것없는 구경거리보다 얼마나 더 큰 값어치가 있는지 모른다고 말했습니다. 올더스 헉슬리는 교양있다는 사람이 열역학 제2법칙[26]은 몰라도 셰익스피어 작품은 꼭 알아야 한다고 믿는다면 그건 받아들일 수 없는 일이라고 주장했습니다.

나는 우리 사회에서 과학이 너무 중요하기 때문에 예술과 문학이 끝이 났다고 말하는 게 아닙니다. 과학은 인간의 외부세계에 대한 지배력을 확대하고, 문학은 인간이 내부세계의 질서를 잡도록 돕습니다. 이 두 가지 기능은 없어선 안 됩니다. 만일 과학자가 때때로 예술의 밸브를 열 시간을 갖지 못한다면, 감정적

25_ 미국 최초의 상업 목적 통신 인공위성이다.
26_ 열은 높은 곳에서 낮은 곳으로 이동한다는 물리학 법칙이다.

갈등으로 심란해졌을 때 어떻게 충분히 자유로운 영혼을 갖고 연구에 집중할 수 있겠습니까? 미국 최고의 이공계 학교인 칼텍(캘리포니아 공과대학)과 MIT(매사추세츠 공과대학)에서는 역사와 문학에 대한 비중을 끊임없이 넓혀가고 있습니다.

　우리가 직접 체험하지 못하는 분자의 세계는 힘의 비밀을 간직하고 있고, 우리가 체험하는 감정의 세계는 개인을 위한 균형의 비밀을 담고 있습니다. 나는 여러분이 문학에 빠진 과학도가 되거나 과학에 호기심을 갖는 문학도가 되기를 바랍니다. 보세요. 여러분이 해야 할 공부는 참 많습니다. 이번에는 여러분의 여가선용으로 넘어가겠습니다.

잘 노는 방법

어제 여러분 또래 젊은이가 날 찾아와서 이런 말을 하더군요. "저는 선생님께서 1년 내내 아침부터 저녁까지 일만 하신다고 들었습니다. 저희 젊은 세대는 그런 생활방식을 도저히 이해할 수 없습니다. 우리는 레저시대에 살고 있습니다. 이제 하루 평균 노동시간도 7시간에서 6, 5시간으로 줄어들 겁니다. 1년에 3주 휴가도 석 달이 되겠죠. 그렇게 해도 이 세계는 문제될 게 없습니다.

생산은 점점 더 자동화되는 기계들이 맡고, 다른 문제도 과학이 해결해줄 겁니다. 공장은 완전히 자동으로 가동되고, 컴퓨터가 관리직까지 대신할 겁니다. 노동은 중요성을 잃어버릴 테죠. 진짜 문제는 여가를 어떻게 짜느냐가 될 겁니다. 선생님 의견은 어떠십니까?"

"나는 오로지 여가만 즐기는 사회는 바람직스럽지 않다고 믿네. 물론 내가 젊었을 때처럼 하루에 열 시간이나 열두 시간씩 일을 하지 않아도 된다는 건 좋은 일이지. 여섯 시간만 일하기? 좋지. 너무 짧지만 그래도 봐줄 수는 있네. 회사 근무시간에 출퇴근 시간까지 보태야 하니까. 여가가 많으면 우리는 하루 서너 시간씩 뭘 읽거나 정원을 가꾸고, 애들을 돌보거나 운동을 하고, 공연을 보거나 친구를 만날 수 있겠지. 아주 좋아. 거기까진 나도 찬성이네.

좀 더 이야기를 해볼까. 하루 노동시간이 두세 시간으로 줄어들었다고 해보세. 그땐 사람들이 우울증에 빠지고 무료해지지 않을까. 본래 여가의 매력이란 일과 휴식이 대립할 때 생기는 법이지. 요즘도 예술과 여행을 즐기려고 기계와 공구 곁을 떠나고 회계 일에 파묻히는 걸 관둘 수도 있겠지. 예술과 여행을 즐기는 여가가 어떤 것에도 방해를 받지 않게 되면 그땐 권태가 우리를 위협할 거야."

"그런 사태에 미리 적응할 줄 알아야지요. 기계가 대부분 일을 해치우는 시대에 모든 사람에게 일자리를 주려면 노동시간을 더 줄이는 수밖에 없습니다. 그렇지 않으면, 실직이라는, '강요된 여가'를 갖게 되겠죠.

사실 과거에도 여가사회가 있지 않았나요? 기계가 모든 일을 해준 건 아니었지만 노예가 있었잖아요. 노예의 주인들은 플라톤이나 세네카 같은 철학자가 되었지요. 중세 때 기사騎士가 일을 했나요? 아니잖아요. 불과 얼마 전인 19세기와 20세기 초에도 놀고먹는 사람들이 많았고 또 그런 위치에 만족해했죠.

프루스트의 작품에도 나오잖아요. 그런 세계에 사는 사람들은 중절모자를 안락의자 가까이 걸어놓고 클럽이나 정부情婦의 집에 가는 것 말고 도대체 삶을 위해 무슨 일을 했습니까? 이렇게 소수의 부자들이 누려온 생활방식이 다수를 행복하게 해주는 쪽으로 확대되면 어째서 안 된다는 말씀입니까?"

"자네의 역설에도 나름 일리가 있네. 하기야 페리클레스 시대의 그리스인들은 철학, 육상경기, 정치로 시간을 보냈고, 중세시대의 기사들도 사냥, 전쟁, 사랑으로 시간을 보냈지. 우리 시대 사람들도 길어진 여가 덕분에 매우 고상한 심심풀이 취미를 갖게 될 것이라고 인정하겠네. 나는 지난번에 어느 기업으로부터 자기네 도서관에 와서 책에 사인해달라는 요청을 받았네. 교양을 쌓으려는 직원들의 열의와 의욕에 깊은 감명을 받았지. 최고 작가들도 포켓용 책을 많이 내고 있으니까 사람들의 생활이 많이 변모할 것이네. 하지만 인간이 빵만으로는 살지 못하듯 독서만으로도 살 수 없네. 전쟁의 아버지인 이 권태가 인간을 위협할 것이란 내 생각은 변함없네."

그가 어깨를 으쓱하더군.

"선생님의 불안은 시대착오입니다. 전쟁은 없을 겁니다. 전쟁이란 얼마나 위험한지 다들 알고 있잖습니까. 우리는 게으를 권리를 갖고 있습니다. 나태함이야말로 더운 나라 원주민들의 자연스러운 모습이 아닙니까? 요즘은 중앙난방 덕분에 모든 나라가 더운 나라입니다. 선생님은 정열적 사랑과 감정의 분석법이 여가가 많은 사회에서 발전하는 법이라고 쓰셨잖아요. 왜 17세기에 진리였던 것이 20세기에는 진실이 아닙니까? 우리는 대부분 인생에서 사랑이야말로 여가를 보내는 가장 유쾌한 방법이라고 생각합니다."

"맞아. 하지만 정열적 사랑이든 감상적 사랑이든 그 사랑을 꽃피우려면 종교적 금기와 여성에 대한 존경심과 예의바른 말씨가 만드는 도덕적 분위기가 필요하다네. 자네도 말했듯이 오늘날 대부분 젊은이들은 종교를 갖고 있지 않아. 종교를 가진 젊은이들은 신에게서 평화를 찾고 있겠지.

여성이 해변에서, 영화 속에서, 카바레에서 누드가 되어버리면 여성에 대한 존경심도 무뎌지거나 사라진다네. 그녀를 감싸고 있던 신비로움이 갑자기 환한 불빛 아래 드러날 테니까. 예절바른 말씨도 어디로 사라진 것인지 모르겠네. 사람들은 조율되지 않은 어휘로 모든 걸 말하고 있어.

용기가 없는 소설가들은 남의 웃음거리가 되지 않으려고 고양이를 고양이라고 부른다든지, 신체기관을 짧은 은어로 표현해야 한다고 믿고 있네.[27] 그 결과로 사랑이란 침대나 소파나 풀밭 위

---

[27]_ 에둘러 표현하는 우언적寓言的 방식을 쓰지 않을 때 '고양이를 고양이라고 부른다'고 하며, 여기서 '신체기관'이란 남녀 성기를 뜻한다.

에서 하는 장난이 되어버렸지."

"유쾌한 장난이죠."

"그렇겠지. 하지만 단조롭지. 아직 한 번도 여성을 경험하지 못했거나 또는 한두 번 밖에는 경험하지 못한 젊은이가 1,003명의 정부情婦에게서 유혹을 받는다고 해보세. 그도 서른 번째 여성부터는 싫증도 나고 피곤해질 걸세."[28]

"저는 생각이 다릅니다. 육체적 사랑이란 실제 해봐야 알 수 있는 예술이죠. 변칙을 잘하고 세련미를 갖춰야 결과가 아름답습니다."

"끝까지 방탕하면 썩고 문드러져 사회가 몰락하고 붕괴하는 날이 오겠지. 고대 동양이나 고전주의 시대에도 수치스러운 선례는 있네. 성性이란 종족번식을 위해 주어진 것이지. 그 기능이 강한 쾌락을 수반했을 뿐이네. 그 기능이 육체와 영혼으로 구축된 인생을 망가뜨리게 놔둔다면 그것이 결국 자넬 죽일 걸세."

28_ 모차르트 오페라 〈돈조반니〉 1막 2장에 '카탈로그의 노래'가 나온다. 하인 역을 맡은 가수가 부른다. "우리 주인님이 건드린 미인들은 이탈리아 640명, 독일 230명, 프랑스 100명, 터키 91명, 스페인에서는 무려 1,003명에 이릅니다."

"달콤한 죽음이죠."

"개인은 그런 말을 할 권리가 있겠지만 국가는 그럴 수 없네. 국가란 자신의 존재 속에서 지속되어야 하거든. 또 그걸 추구해야 하고, 개인도 그렇지……. 몽테스키외는 "방탕에 빠진 당신은 제 육신을 혐오하는 마음을 품게 될 것"이라고 했네. 또 알랭은 "잔인함이 야망의 파국이듯 방탕은 사랑의 파국이다"라고 했지."

"저는 그 말씀을 전혀 이해하지 못하겠어요. 사랑이 달콤하게 계속되면 방탕이라고 할 수 없습니다. 짝을 바꾸는 새로운 쾌락이 되풀이되는 것이죠. 선생님도 괴테의 시를 인용하셨죠. '모든 시작은 사랑스럽다.' 저는 인생을 사랑의 시작만으로 채우는 것이 꿈이에요."

"그게 쉽지 않다는 것도 알게 되겠지. 시작하는 것으로만 삶을 채울 수 있는 나이는 금세 지나가네. 나는 연애가 자네의 여가를 멋지게 해줄 거라고 보네만 그렇다고 그게 다는 아니지. 사랑보다는 예술, 스포츠, 여행에 대한 취미가 더 오래 간다네."

자, 방문객 이야기는 그만하겠습니다. 나는 여러분에게 아주 어릴 때부터 한 가지 스포츠를 선택해서 뛰어난 실력을 갖추라고 하겠습니다. 여러분은 국가, 인종, 계급을 뛰어넘는 '형제애 클럽'의 회원이 될 것입니다. 여러분이 장대높이뛰기에서 5미터 이상 넘거나 100미터를 10초 5에 뛸 수 있게 된다면 여러분은 클럽 내에서 독보적인 존재가 될 것입니다. 테니스, 축구, 럭비에서 뛰어난 선수가 된다면 여러분은 지금 사는 곳에 머물면서 세계 곳곳에 있는 셈입니다.

운동은 여유시간을 멋지게 메울 수 있는, 이해관계를 초월한 활동입니다. 암벽이나 해변에서 하는 스포츠는 산과 파도에 대해, 또 여인에 대해 새로운 매력을 느끼게 할 것입니다.

여러분에게 굳이 예술적 교양을 갖추라고 말할 필요가 있을까요? 예술은 게임이 아닙니다. 위대한 예술이란 항상 진지합니다. 예술은 정신을 해방시키고 화합하게 합니다. 여러분은 인생이 주지 못하는 것을 예술에서 구할 수 있습니다. '사색하지 않고도 이해할 수 있는' 세상 말입니다.

마음의 평화를 얻지 못하게 하는 가장 무서운 적은 공상입니다. 공상이란 어떻게 하든 미래에 닥칠 두려움과 위험의 실마리를 끄집어냅니다. 공상은 과거 속에서도 후회꺼리를 찾아내고,

이미 그르친 일도 되게 할 수 있었다는 헛된 생각을 갖게 합니다.

　예술은 공상이 변모시킬 수 없는 드라마의 스펙터클에 여러분의 집중력을 고정시킬 것입니다. 여러분은 '보바리 부인'에 대해서도 아무 염려 없이 꿈을 꿀 수 있습니다. 여러분은 그녀를 설득하거나 구원할 필요가 없습니다. 극장에서 여러분은 미친 짓과 배신 행위와 어리석은 일들을 보게 되겠지요. 인생에서 이같은 비극은 여러분에게 상처를 줍니다. 의자에 편안하게 앉아 그것들을 구경하면서 격정을 순화할 수 있습니다. 예술은 현실이 해주지 못한 것들을 마음에 가져다줍니다. 명상과 평화의 결합 말입니다.

　여러분은 영화도 예술이라고 말했지요. 나도 동감입니다. 영화가 사람들이 바라는 대단한 걸작을 만들어내서가 아닙니다. 시시하고 저속한 영화도 많습니다. 물론 책에 대해서도 같은 말을 할 수가 있지요. 나는 영화관에서 크게 감동했을 때도 있고(이탈리아 〈라 스트라다〉, 영국의 〈황혼에 돌아오다〉, 프랑스의 〈육체의 악마〉), 신선한 전율을 느낀 적도 있습니다(프랑스의 〈작년 마리엔바드에서〉, 프랑스의 〈오후 다섯 시부터 일곱 시까지의 클레오〉,

스웨덴의 〈산딸기〉). 때로는 최고의 희곡에서 볼 수 있었던 완벽한 코미디를 발견할 때도 있지요(프랑스의 〈노블레스 오블리주〉, 프랑스의 〈모 아니면 도〉). 이런 성공작을 보면 여러분 말이 옳습니다. 영화는 예술입니다.

또 영화는 걱정이나 고민거리로부터 우리를 가장 완벽하게 놓여나게 합니다. 미래엔 인류예술사藝術史에서 위대한 소설가나 훌륭한 희곡 작가들보다 훨씬 중요한 영화인들을 보게 될 것입니다. 그렇지 않은가요?

텔레비전은 앞으로 더 여러분과 여러분의 동시대인들에게 멋지고 유익한 수단이 될 것입니다. 여러분은 조그만 화면[29]을 통해서 여러분이 느끼는 것을 수백만 시청자에게 말할 수 있습니다. 얼마나 멋진 기회이고 유혹입니까.

감성적 문화의 미래와 지성적 문화의 미래는 이 놀라운 교육적 전파수단을 앞으로 어떻게 활용하느냐에 달려 있습니다. 요즘 대부분 가정에서는 매일 저녁 텔레비전을 보고 들으면서 세

29_ 프랑스어에서는 텔레비전을 '작은 화면 petit ecran' 이라고 관용적으로 표현한다.

상을 판단하고 있습니다. 여가의 상당 부분도 이 작은 스펙터클에 기대고 있습니다.

여러 나라에서 사람들의 일상대화를 분석해보면 텔레비전이 성(性), 계급, 국경을 넘어서 모든 이들을 이어주는 끈이 되었다는 것을 알 수 있습니다.

내가 만약 여러분만큼 젊다면 이 작은 화면의 예술에 뛰어들어 창조적인 과업을 남기겠습니다. 조국 프랑스에 몰리에르나 발자크가 남겨놓은 것 못지않게 훌륭한 텔레비전 프로그램을 바친다는 것은 인생을 값지게 사는 일이 될 것입니다. 얼마나 훌륭한 피라미드입니까!

대중문화의 역할은 갈수록 커질 것입니다. 그것은 일자리가 부족하고, 축제도 없이 썰렁하고, 전통적 가정이 붕괴된 소외 지역으로 퍼져나가고 있습니다.

사회학자 에드가 모랭은 "위대한 가치가 사라진 곳에 위대한 '공허의 가치'가 생긴다"고 했습니다. 이마에 땀을 흘려서 빵을 얻지 않는 사람들은 관음주의로 흘러갈 수밖에 없습니다. 남성적 대중문화는 게임이나 상상의 세계에서 폭력적 재미를 찾으려는 경향을 보입니다. 갱 영화나 추리물 등이 그렇습니다. 사실 상상 속의 폭력이 실제 폭력을 일으키지 않을까 걱정입니다. 〈사나이들의 흥정〉[30]이란 영화도 실제 행동으로 벌어지고 말았잖습니까.

제임스 본드가 열차강도를 부추긴 사례도 있습니다. 젊음이라는 주제가 시대정신을 지배하고 있습니다. 늙은이 이야기를 속으로 숨기지 못하고 꺼내는 순간 무시당하고 있습니다. 제임스 딘은 대중문화에서 셸리[31] 같은 존재였습니다. 나는 인생의 모든 나이대(帶)가 존중을 받아야 한다고 봅니다. 존경받는 노년층이 없는 사회, 빛나는 청춘이 없는 사회는 다 같이 절름발이 사회가 될 것입니다.

30_ 우리나라에는 〈현금에 손대지 말라〉는 제목으로 들어왔다.
31_ 퍼시 셸리(1792~1822)는 영국 낭만파 시인으로 작품이나 생애가 압제와 인습에 대한 반항, 그리고 이상주의적 사랑과 자유의 동경으로 일관하고 있다. 바이런과 함께 낭만주의 시대의 가장 인기 있는 작가였다.

풍요의
문명시대

　이야기를 더 진행하기 전에 여러분 세대에게 반박할 게 있습니다. 여러분은 이렇게 말했지요.

　"선생님은 인간의 안전이 노동에 근거하고 있던 시대, 모든 것이 부족하던 시대, 풍요가 특정한 한 계급의 특권이었던 시대에만 의미있던 미덕을 설교하고 계십니다. 우리는 내일의 삶이 모든 이들에겐 안락을, 여성에겐 자유를, 오십대 아니 사십대에겐 은퇴를 가능케 해줄 것이라고 봅니다. 우리 세대는 선생님 시대의 모든 선입견과 전통과 망설임을 털어낼 것입니다. 우리 세대는 궁극적인 자유, 풍요의 자유를 정복할 것이기 때문입니다."[32]

물론 나도 여러분이 하는 말을 알고 있지요. 나도 미국 유명교수인 갈브레이스의 책 《풍요의 시대》를 읽었습니다. 그는 미국에서 밥과 옷과 집이 없을까 걱정하는 사람들이 줄어들고 있다고 했습니다. 홈리스와 빈민굴이 아직 남아 있다고 하지만 그것도 줄일 수 있습니다.

게다가 서로 계층은 달라도 생활방식은 근접하고 있습니다. 부자들은 자신의 재산을 보란 듯이 드러내지도 않고, 또 원하지도 않습니다. 도리어 그들은 보헤미안 식으로 사는 것을 뽐내고 있습니다. 파리에서도 8구, 16구 같은 부자동네 청년들이 비참한 삶을 주제로 공연하는 극장을 꽉 메우고 있습니다. 중류층 근로자나 사무원도 자가용과 아담한 집과 럭셔리한 최첨단 텔레비전을 갖고 있습니다.

이들은 더 이상 유리창에 코를 붙이고 (부잣집 거실에 펼쳐지는) 삶의 향연을 구경하는 외톨이가 아닙니다. 이들의 식사는 호화롭지는 않지만 깨끗하고 영양도 풍부합니다.

32_ 프랑스는 은퇴 후 삶의 조건이 같다면 되도록 일찍 정년퇴직해서 삶을 즐기려는 경향이 강하다.

내일은 이보다도 더 나아질 것입니다. 우리 사회는 무능력자나 부적응자까지 먹이고 재울 수 있을 만큼 풍요로워질 겁니다. 우리의 문제는 소비자가 필요로 하는 만큼 '생산해내는 것'이 아니라 오히려 생산된 물품 전량을 어떻게 소비자들이 '써버리게 할 것인가'입니다.

나날이 번창하는 광고를 보세요. 옛날에는 동굴 속 인간들에게 먹을거리에 대한 욕망을 이끌어내려고 광고를 한다는 것을 생각할 수도 없었습니다. 지금은 생산을 유지하려면 더 멋진 자동차, 더 선정적인 옷, 더 호사로운 스펙터클에 대한 뜨거운 욕망, 한마디로 온갖 감각적이고 인위적인 거짓수요를 자극하는 게 중요합니다.

그렇지만 전통적인 식견을 가진 사람들은 국가에게 제일 중요한 것이 생산이라고 말합니다. 쓰고 남을 만큼 생산해야 할 절박한 이유가 없는데도 왜 그럴까요? 수요가 줄어들 때 과잉생산은 큰 위기를 불러올지도 모르는데 왜 그럴까요?

전통적인 생각을 하는 사람들은 소비자가 마치 박물관처럼 보물을 쌓아놓을 것이라고 자신하고 있습니다. 이미 자기 집도, 충분한 먹을거리도, 자동차도, 최첨단 홈시어터까지 갖췄는데도 그렇게 할까요? 예, 그래도 새로운 수요를 창출해야 합니다. 소비자에게 그런 욕망이 일어나지 않는다면 광고가 일깨워줄 것입니다.

그러나 그들이 알지 못하는 게 있습니다. 만약 어떤 욕구를 만족시키는 과정이 또 다른 욕구를 불러일으키게 되면 사람들은 정확하게 다람쥐 같은 처지에 놓이게 됩니다. 다람쥐는 쳇바퀴가 다람쥐 자신의 힘으로 돌 수밖에 없는데도 그 회전을 따라가려고 계속 애씁니다.

여러분은 이런 결론을 내릴 겁니다. 컴퓨터나 기계가 모든 일을 대신하는 시기가 아주 가까이 와 있고, 어른은 남성이나 여성이나 종일 섹스, 스포츠, 예술 같은 것만 하게 될 테니 지금부터 작업시간을 줄이고 은퇴연령을 낮추는 게 중요하다고요. 하지만 나는 생각이 다릅니다.

먼저 인류에게 부_富가 남아돈다고 생각하지 않습니다. 아직도 많은 나라가 굶주리고 헐벗고 있거든요. 따라서 부자나라는 인류애의 발로든, 아니면 또 다른 위협을 피하기 위해서든 가난한 나라에 대대적인 원조를 제공해야 합니다. 앞으로 상당 기간은 공업과 농업 생산의 잉여분을 처리해야 할 것입니다.

게다가 부자나라도 어떻게 부족한 것이 없다고 말할 수 있겠습니까? 뉴스에서 매일 보듯이 주택은 부족하고, 물론 호화주택을 제외한 일반주택 말인데요, 병원은 모자라고 낡았고 장비도 형편없고, 도로는 늘어난 교통량을 감당할 수 없고, 초중고 교실에 학생들은 넘쳐나고, 과학연구 예산도 부족하고, 라디오와 텔레비전은 돈이 없어 프로그램을 줄여야 한다고 합니다……. 그렇다면 이것이 여러분이 말하는 '풍요'인가요? 프랑스인들이 미국인들의 생활수준에 도달하려면 아직 많은 일을 해야 합니다. 미국인들도 공공시설이 민간시설만큼 제대로 갖춰지려면 많은 일을 해야 합니다. 비참한 나라의 국민들이 인간다운 삶을 살아가려면 풍요로운 나라가 많은 일을 해야 합니다. 어째서 지금이 노동을 비웃으면서 노동을 가능케 하는 원칙들을 버려야 할 때란 말입니까?

우리들이 이야기를 시작할 때 원칙은 '그대는 이마에 땀을 흘려 빵을 얻어야 한다'였습니다. 그런데 현실에서는 '그대는 남이 흘리는 땀으로 그대의 빵을 얻게 된다'가 더 자주 목격됩니다. 앞으로는 '그대는 컴퓨터의 자판 두드리는 소리로 위스키를 얻으리라'는 게 원칙이 될까요? 그렇게 될 수도 있습니다. 아직 갈 길이 멀기는 합니다.

모든 계층의 사람들은, 특히 젊은 층들은 더 많은 수입과 재산을 원합니다. 하지만 우리가 알다시피 가진 게 있어야 나눌 수 있는 것입니다. 구매력을 높이는 유일한 열쇠는 생산을 키우는 것입니다. 소득 재분배가 하나의 방법이 될 수 있다고 생각하거나 또는 그런 척해봐야 소용없습니다. 백 번도 더 계산해봤습니다. 엄청난 소득을 가진 사람은 적은데, 나눠야 할 부분은 너무 많습니다.

생산성 증대가 있을 때마다 근로자들이 제몫을 나누어 갖는 것은 정당한 일입니다. 노동조합은 그걸 요구할 의무와 권리가 있습니다. 동시에 조합은 생산 증대에 협조해야 합니다. 그렇게 하지 않으면 모든 요구는 허공에 대고 외치는 것과 같습니다. 기업이 무너지면 근로자는 유복해질 수 없습니다.

나는 여러분 세대가 하루 두 시간만 일하고 '30세 퇴직제'의

혜택을 입을 날이 온다고는 생각하지 않습니다. 여러분 세대를 위해 다행입니다. 매우 서글픈 세상이 될 뻔했습니다. 나는 오래 전부터 조너선 스위프트[33]식으로 《두노신 섬 여행기》를 써보았으면 했습니다. '두노신'이란 이름은 영어의 '두 낫싱do nothing'에서 온 것이라고 합니다. '두노신 사람들'이란 '아무 일도 하지 않는 사람들'입니다. 그 섬에서는 과학이 완벽하게 발달해서 수많은 컴퓨터의 중앙에 자리잡은 한 사람이 생산, 유통, 여가와 같은 모든 일을 지휘합니다. 이 단 한 명의 지휘자를 홀로포에트 Holopoete라고 부릅니다. 그리스어 어원은 '모든 일을 하는 사람'이란 뜻입니다.

이 홀로포에트는 이 섬에서 유일한 정치적, 경제적, 예술적 권위자입니다. 두노신 사람들은 일정한 온도가 유지되는 거대한 병원 안에서 누워서 살아갑니다. 매일 아침 컴퓨터가 약, 속옷, 음식 같은 필수품을 제공합니다. 홀로포에트가 단추를 누르면 로봇들이 배달해줍니다. 두노신 사람들은 사랑을 하지 않을 때

33_ 조너선 스위프트(1667~1745)는 《걸리버 여행기》로 유명한 18세기 아일앤드 출신의 영국작가다.

3D 컬러텔레비전을 봅니다. 홀로포에트는 이 텔레비전을 재밌게 하기 위해 작가와 연출가 여러 명을 오랫동안 자기 곁에 두고 있었습니다. 지금은 과거의 모든 작품을 데이터베이스에 저장시켜놓고 거기서 새로운 조합을 무한대로 엮어내면서 끊임없이 새로운 프로그램을 재편성합니다. 이 일은 창작용 컴퓨터가 맡습니다.

다만 한 가지, 황태자 문제가 있습니다. 홀로포에트도 불사신은 아닙니다. 때가 되면 누가 그 자리를 대체할까요?

이젠 진지한 문제로 돌아가보겠습니다.

사람 관리

앞에서 나는 "학자의 연구에 담긴 비밀을 모른다면 어떻게 공장, 도시, 나아가 나라를 운영할 수 있는가?"라고 물었습니다. 마찬가지로 사람을 관리하는 제대로 된 식견이 없다면 어떻게 과학을 응용하는 기술자와 과학자 자신들을 지휘할 수 있겠습니까? 내가 여러 해 동안 사람들을 통솔하는 자리에 있으면서 이 문제에 대해 알게 된 것을 이야기하겠습니다.

여러분도 훌륭한 재능과 지식을 갖췄으니 아마 지도자가 되는 날이 올 겁니다. 지도자도 직업이니까 여러분 스스로 그 자리가 갖는 어려움을 깨닫게 될 것입니다. 하지만 먼저 가정假定을 하나

해봅시다. 여러분이 남보다 앞장선다든지 또 지휘하는 것을 원치 않는다고 해봅시다. 이것이 여러분의 소신이라면 나무랄 수는 없습니다. 남의 눈에 띄지 않게 조용히 산다는 것, 맡은 일을 훌륭히 하면서 그날그날 나름대로 즐거움을 느끼려는 것, 이것도 행복의 길이 될 수 있습니다. 야심이 전혀 없는 사람에게 어울리는 일입니다. 자신의 힘을 확고하게 믿기 때문에 다른 경쟁자와 겨뤄볼 필요조차 느끼지 않는 경우에도 그럴 수 있습니다.

그러나 아무도 관심 갖지 않는 곳에서 온순한 삶을 살겠다는 선택을 하기 전에 정말로 후회 없이 그 길을 갈 수 있을 것인지 확실히 해두어야 합니다.

이와 반대로 상식적인 길을 선택해서 혼란스럽기 짝이 없는 이 사회 속으로 몸을 던지기로 결심했다면 여러분은 무엇이 사회를 움직이는 원동력인지 살펴봐야 할 것입니다. 여러분은 화려한 출생배경이나 재력을 갖고 출발하는 것이 아닙니다.

옛날에는 집안이나 재력에 힘입어 깜짝 놀랄 성공들을 만들어내기도 했습니다. 그러나 지금은 집안이 좋다고 해서 아무데서나 성공의 문이 열리지 않습니다. 커리어를 막 쌓기 시작할 때

돈이 많은 사람은 일할 의욕이 무뎌질 위험이 있습니다. 그렇다면 도리어 해가 될 뿐입니다.

반면에 자격증은 매우 유용합니다. 영국에서 옥스퍼드 대학교나 케임브리지 대학교를 졸업했다는 것은 위세가 대단합니다. 프랑스에서 에콜폴리테크니크(파리공과대학) 출신들, 파리고등사범학교 출신들, 재무부 회계감독관들, 국무위원들, 회계감사원의 감사들, 도지사들이 큰 세력을 형성하고 있습니다. 프랑스 지도자들은 죄다 그런 곳에서 배출됩니다. 몇몇 사람들이 남의 도움 없이 혼자 힘으로 성공하기도 하지만, 이들조차도 그 주위를 살펴보면 명문학교 출신들의 비호를 받고 있다는 것을 알 수 있습니다.

그러나 만일 여러분이 과학이나 문학이나 예술에서 어떤 독창적이고 천부적인 소질이 있다고 생각하거든 이와 같은 정부기관을 통해 인생길을 뚫으려고 하지 말고, 외롭더라도 독보적인 길을 선택하십시오. 그것이 여러분을 정상의 자리에 올려놓을지 모릅니다. 하지만 여러분이 단순히 커리어만을 쌓는다고 해도 주변 집단의 지지를 잃어버리는 일은 없도록 하세요.

사회생활을 하면서 어느 팀에 속한다는 것은 하나의 특권이기도 합니다. 의학계든 정계든 훌륭한 지도자는 젊은이들의 도움을 필요로 합니다. 지도자는 젊은이들을 밀어주고 일자리도 잡아줍니다. 무엇보다 그들을 훈련시켜 줍니다. 이렇게 하면서 그들 사이에는 존경심과 우러러보는 마음으로, 능력을 인정하고 신임하는 마음으로 아름다운 우정이 싹트게 됩니다.

지도자가 때로 스승일 수도 있지만, 지도자와 스승은 전혀 다릅니다. 알랭은 내 스승이었습니다. 그러나 나는 그분에게 사상적 가르침 외에는 기대하지 않았습니다. 그분도 내가 자신의 사상을 이해해주는 것 외에는 바라는 게 없었습니다. 그러나 훌륭한 지도자가 된다는 것은 더 많은 것을 요구합니다. 그는 본능적으로 자신을 잘 따르는 이들에게 특별한 은전을 베풀기도 합니다.

성공하는 사람들은 모든 일을 파악하고 있지만 평소에는 알고 있는 것을 입 밖에 내지 않다가, 높은 사람이 찾을 때는 언제든지 그 정보를 내놓을 준비가 되어 있습니다. 나는 총리관저에서 완벽한 비서실장과 비서를 본 적이 있습니다. 둘은 남들이 베푸

는 신임을 충분히 받을 자격이 있는 사람들이었습니다. 그렇지 않고서야 그런 자리를 차지할 수도 없었을 것입니다.

"공직이란 특혜자만 마실 수 있는, 저절로 뿜어져 나오는 풍요의 샘이 아닙니다. 공직은 많은 사람들이 계속 노력해야만 유지될 수 있는 샘물입니다. 만일 누군가가 샘물의 수압이 떨어지는데 신경을 전혀 쓰지 않고 마실 생각만 한다면 그 수원은 단 시일 내에 고갈될 것입니다(알랭)."

분에 넘치는 특혜는 오래가지 못하는 법입니다.

그러나 사람 사이의 호감은 겉으로 보기에 하잘것없는 일에서 생기기도 합니다. 체스나 당구 같은 것을 함께 하다가 계기가 만들어질 수도 있습니다. 위대한 지도자도, 가령 정당의 총재 같은 사람도, 워낙 격무에 시달리다보면 휴식이 필요합니다. 남성이든 여성이든 그와 함께 오락을 하고 또 틈을 봐서 일에서 벗어나 기분전환을 할 수 있게 해주면 금방 친숙한 사이가 됩니다. 갖가지 잡기雜技에 조예가 깊다든지, 사냥이나 낚시에 취미가 있다든지, 또는 지도자가 학식이 있을 경우 깊이 있고 재치 넘치는 대화를 한다면 그에게 발탁될 수도 있습니다. 하지만 주의하세요.

아무리 오락에 능한 사람, 또 아무리 매력 있는 여성이라고 해도 기회는 한 번뿐입니다. 취미나 사랑이 끝나고, 그 열정이 일하는 시간으로 이어지지 않는다면 그 기회도 무산되고 맙니다.

잘생긴 비서가 그렇지 못한 비서보다는 호감이 간다는 건 사실입니다. 그러나 미인인 비서가 철자법을 틀린다든가, 공무상의 약속을 잊고 알려주지 못한다든가, 필요한 정보를 놓치기 일쑤라면, 그 아름다움도 전혀 도움이 되지 못합니다. 유능한 사람이라고 모두 성공하는 것은 아닙니다. 하지만 무능한 사람의 성공은 오래가지 못합니다.

여러분은 유능하니까 스스로의 힘으로 금세 지도자의 위치에 오를 겁니다. 그땐 또 다른 미덕이 필요합니다. 첫째는 객관성입니다. 지도자는 무엇이 이렇게 저렇게 되었으면 하고 바라는 바에 따라 행동하지 말고 현재 그것이 놓여 있는 상황에 따라 행동해야 합니다. 상황을 치우치지 않게 판단할 줄 알아야 합니다.

세상일에 자신의 감정을 섞으면 실패합니다. 보통 사람이라면 허영을 부릴 수 있겠다고 봐줄 수 있습니다. 그러나 허영심 많은 지도자는 위험합니다. 그런 지도자는 사실을 왜곡해서 자신을 정당화하려고 합니다. 그런 일이 있어서는 안 됩니다. 조프레 사령관[34]이 허영에 차 있었다면 마른느로 퇴각을 명하지 않았을 것입니다. 진정한 지도자라면 미리 내다보고 위험을 무릅쓸 수도 있습니다. 대담하게 일을 밀어붙이면 가능성의 한계도 넓어집니다.

1940년 영국이 제2차 세계대전에 개입한 것은 큰 위험을 무릅쓴 일이었지만, 처칠은 승리했습니다. 사실 그때 모험을 포기했다면 모든 일을 포기하는 것과 같았습니다. 물론 이런 상황은 흔하지 않습니다. 재고품이 많이 쌓여 있는 것을 확인한 사업가가 생산을 축소해야 한다는 것은 몹시 자존심 상하는 일이겠지만 그래도 별 수 없습니다. 숫자는 동정심이 없습니다. 이런 경우 자진 퇴각을 해서 장차 반격의 기회를 노리는 수밖에 없습니다.

그런데 지도자는 명석하고 냉정한 정신으로 객관성을 유지하는 한편 강렬한 열정도 가져야 합니다. 지도자는 이런 객관성과 열정을 다른 사람들에게도 전달할 수 있는 역량과 의지가 필요합니다. 자신의 직업을 사랑하기 때문에, 자신의 군대와 나라 또

34_ 요지프 조프레는 제1차 세계대전의 방향을 바꾼 마른느 전투를 승리로 이끈 프랑스의 사령관이다.

는 자신의 공장과 한몸이 되고 있기 때문에 훌륭한 지도자란 자기와 함께 일하는 모든 사람에게 희생정신을 불어넣을 수 있는 법입니다. 이런 지도자는 결정의 순간에 학자처럼 정확한 판단을 갖고 온몸을 던져 결행에 옮깁니다.

온몸을 던진다는 것은 전 인격과 모든 정열을 다한다는 뜻입니다. 이런 지도자라면 설사 버럭 화를 냈다가 곧 풀어지는 변덕, 거친 폭언, 엉뚱하고 이상한 행동에도 도리어 그것 때문에 사랑을 받기도 합니다. 사람이란 추상적인 성격을 띤 직책에는 쉽게 정을 주지 않지만, 살아 있는 몸을 가진, 재능 있는 사람에게는 기쁨에 넘쳐 봉사를 하기도 합니다. 그러므로 여러분은 중요한 자리에 오르게 되더라도 겁내지 말고 자연스러운 모습을 드러내야 합니다. 여러분의 동료는 오히려 그 점 때문에 여러분을 더 좋아할 것입니다.

그러나 이처럼 분위기를 풀어주는 방식도 내부 조직의 합의와 테두리를 넘으면 안 됩니다. 여러분의 부하직원과는 전체의 이익이 허용하는 한 공평하고 엄격하면서 관대하고 친숙한 태도를 유지하세요. 친숙하다는 것은 함부로 하는 것과는 명확히 다릅

니다. 의례를 정해서 지도자 품위를 지키는 것도 좋은 일입니다. 정신적 차렷 자세는 군대의 차렷 자세와 맞먹습니다. 만일 여러분이 젊어서 정상의 자리에 도달하게 됐다면, 이탈리아 원정 때의 나폴레옹을 본받아야 합니다.

남들이 여러분을 존경하도록 만드세요. 여러분이 지휘하는 아래 직원이 제출하는 자료는 반드시 확인을 받는다는 생각을 갖도록 만드세요. 여러분 자신이 모든 것을 확인할 수도 없고, 그것이 여러분의 역할도 아닙니다. 다만 시험적인 조사는 해야 합니다. 보고서, 대차대조표, 예산서 등을 읽어나가는 일은 거친 시를 읽는 맛이 있습니다.

예고 없이 갑작스러운 점검을 해보면 가끔 놀랍도록 태만한 증거를 발견할 수도 있습니다. 진주만이 공격당하던 날, 마땅히 야근을 하고 있어야 할 미군들 중에서 자리를 지킨 병사는 드물었습니다. 제대로 되는 일이 하나도 없었던 것입니다. 가장 성실한 병사조차 아무 일도 없을 거라는 생각이 들면 게으름을 피우는 법입니다. 느닷없는 점검제도를 만들어서 잠에 빠져 있는 병사를 깨우는 것이 여러분이 할 일입니다.

사치와 방탕을 삼가세요. 즐거움이나 권력이나 둘 중 하나를 택해야 합니다. 즐거움을 택한다고요? 좋습니다. 그러나 만일 여러분이 권력을 택한다면 여러분의 삶은 아랫사람들이나 여러분 자리를 탐내는 사람들에 의해 철저한 감시를 받게 될 것입니다.

여러분이 스스로에게 엄격하다면 아랫사람들에게 엄한 태도로 대해도 불만을 갖지 않을 것입니다. 영국 왕실은 호화로운 의식으로 가득 차 있지만, 국왕들의 사생활은 빅토리아 여왕 시대 이후로는 대개 경우 매우 검소했습니다. 왕실이 퇴폐하면 군주제를 약하게 만들 뿐입니다. 여러분이 군주는 될 수 없겠지만 관청이나 기업 같은 소왕국의 왕자 정도는 될 수 있을 것입니다. 여러분 신분의 위엄을 지키세요. 키플링[35]의 콩트집 《왕이 되고 싶었던 사나이》를 다시 읽어보세요. 인도에서 용기가 뛰어난 영국 병사가 어떤 산악 부족의 지배자가 됩니다. 그는 경쟁자 없이 존경을 받다가 어느 날 부족 여성을 좋아하게 되어 애인으로 삼았습니다. 그게 그가 누린 권력의 마지막이었습니다. 부족 사람

---

[35] 키플링(1865~1936)은 영국의 소설가이자 시인으로, 1907년에 노벨문학상을 수상했다.

들은 그를 반신半神으로 섬겼는데 그가 인간이 되자 그를 쫓아내고 말았습니다.

이 이야기를 듣고 여러분은 반박할지 모릅니다.

"루이 14세는 어떤 향락과 사치도 마다하지 않았지만, 그처럼 국민들로부터 존경을 받았던 왕도 없었습니다. 반면에 루이 16세는 겸허한 가정적 미덕의 귀감이었지만, 국민들로부터 학대와 중상모략을 받고 끝내는 살해당했습니다."

나는 루이 16세의 약점은 마리 앙투아네트였다고 말하고 싶습니다. 허약한 루이 16세가 중상모략을 받고 국민들의 사랑을 잃은 것은 그녀 때문이었습니다. 하지만 이 아름다운 왕비의 잘못은 순진하게도 향락을 추구했다는 것 말고는 없었습니다. 불행히도 그녀는 시대정신의 흐름이 군주제도에 등을 돌리던 때에 살고 있었고, 우리가 비난했던 그 허물 많은 몸가짐 때문에 사악한 사람들에게 비난의 꼬투리를 제공하고 말았습니다. 가면을 쓰고 오페라극장 무도회에 가는 게 죄는 아닙니다. 그러나 왕비가 그랬다면 잘못이었던 겁니다. 여러분도 왕이 되고 싶거든 왕비를 잘 선택하세요. 이제부터 여성에 대해 이야기하겠습니다.

여성

바이런은 "우리는 여성과 함께 살 수도 없고, 또 여성 없이 살 수도 없다"고 했습니다. 여러분은 여성 없이 살아갈 수 없기 때문에 앞으로 여성과 함께 살게 될 것입니다. 여성은 남성이 경험할 수 있는 가장 생생한 기쁨을 준다고 나는 청소년 시절부터 생각했습니다.

나는 그 시작과 만남, 첫 스킨십과 첫 선물, "두렵고도 자연스러운 애무"[36]를 좋아했습니다. 수줍어하거나 머뭇거리다가 이같

36_ 폴 베를렌이 쓴 〈기도〉라는 시에 나오는 한 구절이다.

은 달콤한 추억을 놓치면 안 됩니다. 그보다 아름다운 추억은 없습니다. 나이가 들면 향수에 잠겨 돌아보게 됩니다. 젊었을 때 사랑을 경험하지 못한 사람은 그것을 빼앗겼다는 후회에 잠기게 되고 어떤 말로도 위로받을 수 없습니다. 이러한 연애가 반드시 소유를 의미하는 것은 아닙니다. 사랑의 발견은 매우 달콤한 것이어서 발견의 순간들을 오래 가져가는 것만으로도 기쁨을 맛보게 됩니다. 부드럽고 정열적인 젊은 시절을 보내도록 하세요.

발레리는 "사랑의 정열이란 허무한 것이다. 그것은 문학적, 해학적 날조에 불과하다"고 했습니다. 몽테를랑은 "나는 모든 내 작품에 사랑 이야기만을 되풀이해서 다루었다. 육체적 행위를 숭배하고 마음의 편지 따위를 경멸한다"고도 했습니다. 발레리도 결국 선량한 사람에게도 유익을 주는 감미로운 육체적 행위를 멸시하지 말라고 했습니다. 마음의 편지 뒤에는 진실한 감정이 있는 것입니다. 스탕달은 미쳤다고 할 만한 사랑을 했습니다. 여러분도 그런 행복을 누리기를 바랍니다.

여러분은 묻겠지요. "나도 여성의 마음에 들 수 있을까? 내 마음에 드는 여성이 나를 좋아해줄까?" 여성도 똑같은 질문을 스스로 한답니다. 남성들보다 여성들이 더 상대의 마음에 들기 위해 애쓰는지도 모릅니다. 여성도 역시 남성과 같은 생생한 욕망을 갖고 있습니다. 남성의 육체가 하고 싶은 애무를 여성의 육체도 기다리고 있습니다.

만약 여러분이 남성이라면 용기를 내세요. 여러분은 잘생겼고 재능도 있기 때문에 여러분이 기대한 이상으로 여성의 마음을 끌 수 있을 것입니다. 여러분이 그렇지 못한다고 해도 용기를 잃지 마세요. 못생겼어도 매력적일 수 있고, 그러한 독특함이 사람을 끌기도 합니다. 특히 마음 씀씀이 하나로도 외모를 충분히 보완할 수 있습니다.

여러분이 남성이라면 내 말을 잘 들으세요. 여성들은 거의 모두 심심하답니다. 자기들을 즐겁게 해주는 상대 남성에게 무한한 고마움을 느낍니다.

못생긴 외모에도 여성을 유혹하는 데는 대단한 재주를 가진 남성이 있었습니다. 이 남성은 일단 어느 여성을 마음에 두었다 하면 말 그대로 밤이고 낮이고 그녀를 공략했습니다. 그 여성의 집에 쉴 새 없이 편지와 꽃다발과 정성스레 고른 선물을 갖다 바

쳤습니다. 선물에는 그의 여러 취미에서 얻은 지식을 응용한 정성이 드러나 있었습니다. 처음에는 여성이 항의도 하고 불평도 하며 그러지 말라고 했지만, 결국 그녀는 이런 깜짝선물에 익숙해져서 선물 없이는 하루도 보낼 수 없는 지경에 이르고 말았습니다. 밤중에 걸려오는 전화에 신경질을 냈던 그녀가 나중에는 초조한 마음으로 전화를 기다렸습니다. 여인의 가슴은 북소리처럼 두근거렸고, 요새는 함락되었습니다.[37]

편지는 여러분 사랑에 커다란 역할을 할 수 있습니다. 오늘날도 마찬가지입니다. 편지란 글을 잘 쓰는 사람에게만 효과적인 무기가 되겠지요. 그러나 사랑이란 아름다운 문체를 낳는 법이고, 또 모든 여성들은 자신에 대한 찬사를 아름다운 문장이라고 생각합니다.

전화 한 통화보다 편지 한 통이 여성의 마음 더 깊숙이 침투해 들어갑니다. 전화란 즉흥적인 데가 있어서 언제나 미진합니다. 편지는 하나의 예술작품이고 여러분의 욕구는 그 편지 속에서

---

[37] 모루아는 이 대목뿐 아니라 여러 곳에서 자신의 글을 읽는 독자가 일단은 남성이라고 가정하고 글을 전개하고 있다.

완성된 모습으로 나타납니다. 사랑이 담긴 아름다운 문장은 두고두고 행복하게, 그리고 자랑스럽게 읽혀집니다. 시라노[38]는 자신이 못생겼다고 생각했기 때문에 록산느 앞에서는 늘 기가 죽었던 터라, 잘생긴 크리스티앙의 이름을 빌려서 편지를 썼습니다. 편지 덕분에 그녀에게 매달릴 기회도 얻었고, 부끄러움을 벗어버릴 수도 있었습니다. 록산느 자신은 모르고 있었지만, 그녀가 사랑하는 남성은 크리스티앙이 아니라 실제로 편지를 쓴 시라노였습니다.

여러분도 이런 시라노가 되어보세요. 그래서 요새를 점령하면 이전과 똑같은 정성으로 꾸준히 밀고 나가세요. 일단 정복한 여성이라고 소홀히 다루면 안 됩니다. 별 뜻 없이 뱉은 말 같지만 사실은 진리가 담겨 있습니다. 다시 말하지만 여성들이란 자기에게 관심을 가져주고 말을 걸어주는 누군가가 필요합니다. 여러분이 그렇게 하지 않으면 딴 사람이 그 역할을 할 것입니다.

야망이 큰 사람은 이렇게 말하겠지요.

38_ 에드몽 로스탕이 1897년에 지은 《시라노 드 베르주락》이라는 희곡에 나오는 주인공이다.

"나는 그런 사랑놀음을 할 시간이 없다. 내 일과 직업에 모든 힘을 다해 몰두할 수밖에 없다. 여성이란 원래 시간을 빼앗아가는 존재들이다. 당신들도 생각해보면 알겠지만 여성들이란 끝없이 수다떨기를 좋아한다. 여성들은 한가한 녀석들에게나 꼬이는 것이다. 별 수 없다. 나에겐 성공이 첫째다."

이 야심가는 틀렸습니다. 이런 태도로는 야망을 망칠지도 모릅니다. 출세라고요? 이 사람은 여성들이 남성의 출세에 얼마나 큰 힘이 되는지 모르고 있습니다. 사랑하는 남성에게 힘을 줄 수도 있고, 사랑하는 남성에게 마력적인 아우라를 입혀줄 수도 있습니다.

"내 커리어에는 아무래도……" 하고 야심가는 또 말하겠지만, 여성들이 그 커리어를 만들어주기도 하고 무너뜨리기도 합니다. 어떤 체제나 어떤 직업에나 여러분의 커리어를 좌우할 사람 곁에는 그의 귀에 속삭이는 여인이 있습니다. 그 지도자도 여성의 의견 따위는 전혀 참작하지 않는다고 우기겠지만요.

솔직히 커리어 따위는 집어치우라고 하고 싶네요. 여성과 함께 지내는 시간은 결코 손해가 아닙니다. 좋은 여성이란 자신의 정신에서 우러나오는 필수불가결한 보완적 요소를 남성의 정신에 불어넣어줍니다.

여러분 시대의 여성들은 우리 시대의 여성들과는 전혀 딴판이어서 점점 남성과 닮아간다고 하는 소리를 제대로 이해해야 합니다. 여성도 똑같은 교육을 받습니다. 학문에도 스포츠에도 능력을 보이고, 선거권도 피선거권도 갖게 됐습니다. 여성을 열등적인 성으로 대하는 것은 일종의 인종차별입니다. 나는 여러분이 여성을 '열등적인' 성으로 대하지 말고 여성을 '다른' 성으로 대해주기를 바랍니다.

내가 살아온 시대의 여성들은 생리통, 임신중독, 자궁염, 폐경우울증 같은 증상들을 아무런 대책 없이 날것으로 겪었습니다. 지금 세상이 이 모든 것을 변화시켰습니까? 아닙니다. 심리를 좌우하는 생리현상은 거의 바뀌지 않았습니다. 인공수정, 피임법, 호르몬 같은 것들은 거대한 자연의 법칙을 속일 수 있게 됐을 뿐입니다. 아직 미미합니다.

오귀스트 콩트는 여성에게서 애정적 성性을, 남성에게서 활동적 성을 봤습니다. 이 말은 진리임에 틀림없습니다. 어린아이들

은 어머니의 애정과 따뜻한 위로를 받아야 합니다. 남성들이란 언제까지나 어린아이들이니까 '달콤하고 따뜻한 사랑을 베푸는' 여성이 필요합니다.

정치적 자유를 얻으려고 투쟁했던 인류의 긴 역사에 비하면 여성들이 선거권과 피선거권을 갖게 된 것은 비교적 최근의 일입니다. 여성들은 정치에 관여할 때는 '여성으로서' 갖는 행동 특징이 더 강하게 나타납니다. 일부 여성들은 아버지가 가정을 떠받치고 지키는 모습을 어린 시절부터 보아오면서 '아버지 콤플렉스'를 갖게 되는 경우가 있습니다.

그런 여성들은 무슨 일이든 맨 앞에 서서 이끌어주는 존경받는 영웅을 바랍니다. 제임스 본드 같은 사람은 아닙니다. 그처럼 도전적인 남성미를 과시하는 스타일에 프랑스 여인들은 별 관심이 없습니다. 그녀들은 "책임감이 강하고 믿음직스러운" 남성을 원합니다. 어느 나라든 여성들의 투표는 다수파를 바꿔놓았습니다. 프랑스에서는 남성보다 신앙심이 강한 여성들이 반교권주의 反敎權主義를 꺾은 일도 있습니다.

여성은 일단 정당에 속하게 되면 정열적으로 일합니다. 공화

정치 시대의 스페인에는 파시오나리아[39]가 있었습니다. 어느 혁명이든 '뜨개질을 하는 여인들'[40]이 생겨나는 법입니다. 어떤 정치적 음모든지 그 뒤에는 반드시 '아름다운 프롱드 여인'[41]이 있습니다. 여성들은 정치에서도 사랑할 때 못지않은 열성을 보입니다. 그것은 쉽게 이해될 수 있습니다.

만일 국가가 잘못된 길에 들어서면 여성들이 누구보다 먼저 고통을 받습니다. 그리되면 아이들에게 줄 우유도 남편에게 줄 고기도 살 수 없습니다. 여성은 아이들을 교육시키고 전통을 존중하는 시민으로 길러야 하므로 남성들보다 더 전통에 충실합니다.

영국에서는 여성이 왕가의 전통과 밀접하게 연결되어 있습니다. 여성이 왕관을 쓰는 것이 영국인에게는 거부감을 주지 않습니다. 아니 정반대라고 할 정도입니다. 왕가의 임신, 탄생, 결혼,

---

39_ 스페인의 공산주의 여전사로 본명은 돌로레스 이바루리다. 스페인 공화국 붕괴 후 모스크바로 망명했다.
40_ 프랑스대혁명 때 지롱드파의 롤랑 부인이 뜨개질을 하며 남성들의 토론을 듣고 있다가 협력했다.
41_ 17세기 프랑스 '프롱드의 난' 때 등장하는 여인들을 일컫는다. 롱그빌 부인, 콩데 부인, 세브뢰즈 부인, 몽바종 부인 등이다.

장례가 그들을 감동시킬 때가 많습니다. 영국 여성들은 여왕과 호흡을 같이 하는 셈입니다. 여왕의 생활은 영국 여성들에게 가정생활의 일부로 섞여 있습니다. 그러나 영국 여성들은 여왕 곁에 든든한 남성이 있어주기를 바랍니다. 빅토리아 여왕을 위해서 앨버트 공이 든든한 버팀목이 되어주었듯이 말입니다.

여러분이 아내에게 갖는 정치적 영향력보다 아내가 여러분에게 더 큰 정치적 영향력을 갖게 될 것입니다. 여러분에게 확고한 정견이 없을 때도 아내는 여러분을 자신의 의견에 따르도록 이끌 것입니다. 여성들은 특히 젊었을 때 끈질긴 설득 능력을 갖고 있습니다. 또 제대로 먹히는 베갯머리송사도 할 줄 압니다. 남성은 자신이 하는 일을 경쟁적 구도 속에서 치르다보면 외부적 요인에 휘둘립니다. 그런 일들은 남성을 여러 장애와 규칙들에 부딪치게 합니다. 하지만 여성들은 비교적 자유로운 편입니다. 남편이 그녀 대신 외부세계와 충돌을 맡아주거든요.

여러분은 여러분과 전혀 다른 존재를 영원한 동반자로 삼아야 합니다. 처음에는 황당하고 불쾌한 생각도 들겠지만 사랑이 그걸 받아들이게 할 것입니다. 세월이 흐르게 되면 여러분은 딴 사람이 되어 있을 것이고, 아내를 사랑하게 되면서 아내의 생활 태도에도 동화될 것입니다. 사랑으로 양보를 하는 시기가 지나면 연민으로 모든 것을 용인하게 됩니다. 부부싸움이란 피할 수 없지만, 좋은 가정이라면 충돌을 막을 대책도 있을 것입니다.

여러분은 남성으로서 여러분의 성역을 지키세요. 여러분의 사무용 책상이라든가 개인 서랍장, 때에 따라 자동차 같은 것 말입니다. 그 밖의 나머지는 아내에게 맡기고 아내의 본능에 일임하면 됩니다.

여성은 증거를 별로 따지지 않는 편입니다. 남성보다 믿는 마음이 큽니다. 신을 믿건, 사랑하는 사람을 믿건, 아버지를 믿건, 그리고 기혼자가 된 후 듬직한 남편을 믿건 언제나 한결같습니다. 이런 점에서 아내는 여러분에게 큰 힘이 됩니다.

여러분은 직업 때문에 뜻하지 않은 장애나 적대적인 대상에 부딪힐 때가 많아서 다소 비관적으로 변할 것입니다. 장 로스탕[42]은 "인간이 예견할 수 있는 불행이란 절대 닥쳐오지 않는다. 언제나

42_ 20세기 프랑스의 생물학자이자 작가다.

예견할 수 있는 이상의 불행만이 오는 법이다"라고 했습니다. 이건 남성이 하는 말입니다.

여성이라면 "신이 불행에 대비해주신다"라고 말할 것입니다. 내 스승인 알랭은 말했습니다.

"남성이란 언제나 전쟁터에서 돌아와서는 곧 또 다른 전쟁터로 떠난다. 남성의 생각은 강력하고 짧으며, 언제나 무기를 찾아다니면서 칼날을 세우고 있다. 남성들이 세운 정부는 어떤 정부든 다 마찬가지인데, 이런 정부의 법령은 존경심이 결여된 바탕에 기초를 두고 있다."

여성의 욕구는 인간적인 면모를 띠고 있기 때문에 남성보다 낙천적입니다. 여성은 자신이 유혹할 수 있고, 설득할 수 있고, 감동시킬 수 있고, 간청할 수 있는 사람에게 자신을 의탁합니다. 여성은 기적을 낳을 수 있기 때문에 기적을 믿습니다.

물론 여성도 남성의 역할을 감당할 상황에 놓이게 되면, 기업의 사장이나 장관이 되면 자연스럽게 남성적 태도와 사고방식을 갖게 됩니다. 그러나 자기가 존경하는 상관이나 남편과 일할 때처럼 행복을 거기서 찾을 수 있을지는 알 수 없습니다.

몇 년 전부터 주체적 여성과 객체적 여성에 대하여 많은 토론이 있었습니다. 고대에는 여성을 객체로만 인식했습니다. 마치 망토라도 걸치듯 여성을 차지했습니다. 도시를 점령하면 여성 포로는 전리품이 됐습니다. 정복자들은 여성을 나눠가졌습니다.

페넬로페와 앙드로마크[43]도 이런 객체로서 여성적 속박에서 벗어나지 못했습니다. 만약 율리시스가 돌아오지 않았다면 페넬로페는 구애자에게 몸을 맡기든가 아니면 죽는 길밖에 다른 탈출구가 없었을 것입니다.

그러나 기독교는 주체적 여성을 강조했습니다. 기독교는 여성을 자유롭고 존경받은 인간적 존재로 바꾸었고, 남성에게는 여성의 자유를 존중하도록 의무를 지웠습니다. 기사도 정신은 여성을 남성보다 높은 위치에 놓았습니다. 기사는 자신의 여인을 위해 싸울 때 어느 때보다 의기양양했습니다.

그러나 그 뒤로 현실은 금세 달라졌습니다. 창녀뿐만 아니라

---

[43]_페넬로페는 호메로스의 《오디세이아》에 등장하는 인물로 율리시스의 아내다. 남편이 없을 때 포로가 되어 수많은 구애에 시달렸다. 앙드로마크는 트로이전쟁을 이야기하는 《일리아스》에서 영웅 헥토르의 아내다. 트로이가 함락된 후 포로의 몸이 됐다.

고급 유녀遊女들까지도 물건 취급을 받았고, 도시나 농촌할 것 없이 결혼할 때 여성의 의견은 무시됐습니다.

조르주 상드[44]는 "우리들은 딸을 성녀같이 고이 길러 망아지처럼 시집보낸다"고 했습니다. 상드 자신도 자기보다 못한 남편에게 물건 취급을 받았으며 그 일로 해서 평생을 씁쓸한 원한 속에서 살았습니다.

오늘날 세태는 변했습니다. 일부 여성들은 객체적 남성론을 펴기 시작했습니다. 지참금 제도나 부자와 결혼하는 것은 옛날만큼 관심을 끌지 못합니다. 이제 여성에게 유일한 행운이란 일입니다. 우리 시대에 아내의 연금으로 산다는 것은 극소수를 제외하고는 망상일 뿐입니다. 남성들과 거의 평등하게 자라난 처녀들은 자유로운 선택을 합니다. 생계도 제 손으로 꾸리고, 부양의 처지에 놓이는 경우도 없습니다.

그러나 객체적 여성은 사라지지 않았습니다. 일부 여성들은 직업에 묶이기보다 관능의 노예가 되려고 합니다. 어떤 여성들

44_ 조르주 상드(1804~1876)는 19세기 프랑스의 저명한 여류 소설가다.

은 생활비를 벌고 있지만 그것으로 충분치 못해 부모나 남성의 도움을 받기도 합니다. 심지어 어떤 여성들은 협박을 당합니다. 백화점의 여성 판매원은 매장 팀장의 도움이 필요하고, 여배우는 제작자, 대본작가, 그리고 감독의 도움이 필요합니다. 양심도 없이 뻔뻔한 남성이 흥정을 걸어오면 그의 말에 따르지 않을 수 없는 여성들도 있을 것입니다.

이처럼 사랑 없는 육체관계는 증오심을 일으킵니다. 나는 여러분에게 고매한 정신을 가질 것을 당부합니다.

"여성을 붙잡을 때는 그녀의 의사를 따르도록 하세요."

행복이란 상대의 육체를 정복하는 것이 아니라 자유로운 의사로 선택받는 것입니다. 이때 '정복'이라는 말은 감정적 제국주의를 뜻합니다.

결혼

　여러분이 이 시대를 살아가고 있는 이십대라면 어떤 형태로든 육체적 사랑에 대한 경험이 있을 것입니다. 에로틱한 영화와 관능적인 소설, 그리고 발가벗은 육체 광고가 판을 치는 주변 속에서 어떻게 욕망을 불태우지 않을 수 있겠습니까? 블레이크[45]는 "욕망은 있는데 행동하지 않는 자는 악취를 풍긴다"고 했지요. 그러니까 행동해야 합니다. 사랑을 해야 하는 것입니다.
　그러나 이 문제는 여러분 세대와 나의 세대가 같지 않습니다.

45_ 윌리엄 블레이크(1757~1827)는 18세기 영국의 시인이자 화가다.

내가 젊었을 때는 처녀들이 세심한 보호를 받았고 스캔들과 임신을 두려워했습니다. 총각들은 순결을 지킬 것인지(어려운 일이었습니다), 매춘부를 찾아갈 것인지(상스럽긴 했지만 쉽게 다가갈 수 있었습니다), 정부情婦를 사귈 것인지 하나를 선택해야 했습니다.

경험이 있는 혼인한 여성이 자기보다 나이 어린 젊은 청년을 가르치기도 했습니다. 1820년경 베르니 부인(45세)은 사랑의 대상을 만나지 못해 활짝 피지 못하고 있던 발자크(20세)의 재능을 키웠습니다. 사람들은 흔히 말합니다.

"젊은 청년이 총각인 채로 결혼에 골인하는 것은 좋지 않다. 아무것도 모르고 서투른 두 사람이 결혼하면 실수를 거듭하다가 이혼한다. 부부가 신앙인이어서 이혼할 수가 없을 경우에는 마음도 통하지 않은데 사랑도 없이 평생을 붙어살아야 한다."

처녀들은 어떻습니까. 몰리에르 작품에 나오는 어수룩한 아가씨, 혹은 발자크 작품의 여주인공처럼 아버지의 힘에 눌려 늙은 부자 영감이나 집안만 좋은 바보 청년과 강제로 결혼하는 처녀들은 육체적 사랑이 어떤 것인지 잘 몰랐습니다. 그런 체념이나 순종과는 거리가 먼 활달한 처녀들조차도 무지無知하기는 마찬가지였지요. 그 처녀들은 자기들끼리 이야기도 하고 추측도 하며 배우려고 했습니다.

그 당시 처녀들은 남성이 청혼을 해올 경우 부모가 괜찮다고 허락을 하면 '요행이 그 남성이 좋은 사람이기를 바라면서' 청혼을 받아들였습니다. 뒤마 피스의 희곡이나 모파상의 소설을 보면 알겠지만, 19세기 말에는 그런 처녀들이 비극적인 신혼의 밤을 겪는 일도 있었습니다. 감상적인 처녀성을 갖고 있다가 갑자기 동물적인 현실의 시간으로 넘어가는 일은, 특히 남편이 능숙하거나 부드럽지 못할 경우, 우리가 짐작할 수도 없는 고통과 공포와 혼란을 일으킵니다.

이런 풍경은 부르주아 계급에서나 볼 수 있는 일이었다고 말하는 사람도 있을 것입니다. 농촌 처녀들은 결혼과 성에 대해 여러 가지 많이 알고 있었으며, 노동자 계층의 처녀들은 사랑에 의한 결혼이 이해관계에 의한 결혼보다 훨씬 많았다고 말입니다. 일부 맞는 부분도 있을 것입니다. 그러나 젊은 하녀가 늙은 농부와 결혼하는 일도 있었고, 노동자의 월급은 처녀의 부모 눈에 중요해 보였습니다.

오늘날에는 여건이 다릅니다. 세상에서 가장 오래된 직업인 매춘부가 남아 있긴 하지만 그 숫자나 유행은 옛날만 못합니다. 프랑스에서는 영업허가를 받은 점포에서 신발을 사듯이 여성을 살 수는 없게 됐습니다. 직업적 매춘부는 모습을 감추어 찾아보기가 쉽지 않습니다.

결혼하지 않은 사람들이 육체적 사랑을 나누는 일도 주택난 때문에 쉽지 않습니다. 정식으로 혼인을 하지 않은 남녀가 호텔을 찾는 것이 가능합니다만, 썩 마음에 드는 곳은 아닙니다. 누구나 이용할 수 있는 장소는 독신자 아파트보다 불안합니다. 우아한 실내 분위기는 사랑할 마음을 샘솟게 하지만, 을씨년스러운 실내는 사랑할 마음을 싹 가시게 합니다.

요즘 처녀들은 과거 어느 때보다도 대담하게 젊은 남성들에게 육체관계를 제안하기도 합니다. 왜일까요? 여러 이유가 있습니다. 직장여성이나 여대생들은 자유로워졌고, 강의, 스포츠, 여행, 바캉스 등 남녀가 만날 기회도 많아졌습니다. 사회여론도 관대해졌고, 부모들의 감시가 느슨해졌습니다. 바라지 않는 임신

을 피하는 방법도 알게 됐고, 혼자서 아기를 키울 수 있다는 자신감도 생겼습니다. 많은 여성들이 남성의 도움이 없이도 생계를 이어갈 수 있게 됐습니다. 국가가 그런 여성을 돕기 때문입니다. 한마디로 옛날에는 젊은 남성들에게만 허락됐던 자유를 젊은 여성도 누릴 수 있게 된 것입니다.

내가 고루한 옛 생각을 여러분에게 강요하려는 것은 아닙니다. 강력한 조류에 항거하는 것처럼 허망한 일도 없습니다. 아무도 막지 못합니다.

그렇지만 내 눈에는 자유로워진 풍속이 위험해 보입니다. 바라지 않는 임신의 위험성은 여러분이 상상하는 것보다 훨씬 큽니다. 인공유산이란 자연에 반하는 비열한 행위입니다. 뿐만 아니라 여러분과 결혼할 처녀가 여러분보다 다른 여러 명의 애인과 먼저 성관계를 가졌다면 정말 무심할 수 있겠습니까? 여러분 나이의 한 청년이 내게 말하더군요.

"그런 것은 조금도 기분 나쁘지 않을 뿐더러 나는 오히려 혼전에 경험이 있는 처녀를 아내로 맞고 싶어요. 육체적 조화는 아주 중요한 일입니다. 경험 없는 숫처녀와 이런 조화를 이루려면 시간이 아주 오래 걸립니다."

이런 태도에 내 나이 또래의 사람들은 깜짝 놀랍니다. 다른 남성과 성경험을 많이 가진 처녀는 결혼 후에도 그 같은 경험을 더 해보려고 하지 않겠습니까? 그리고 또 옛날에 경험을 공유했던 제삼자가 부부의 내밀한 생활에 정신적으로 혹은 상상 속에서 자꾸 개입할 경우 어떻게 행복한 결혼생활을 기대할 수 있겠습니까? 나는 그런 결혼을 믿지 않습니다. 내가 틀렸을지도 모릅니다. 여러분 세대는 모든 것 위에 자유를 올려놓고 누리고 있으니까요. 그렇다고 여러분 세대가 우리 세대보다 더 행복합니까? 두고 보겠습니다.

우리들 이야기로 돌아와서, 결국 결혼을 해야 할 것인지 아니면 독신으로 지낼 것인지 이야기해보겠습니다. 파뉘르주[46]의 말을 인용하겠습니다.

"새롭게 살기 위한 시도를 하지 않고 현재 그대로 살아가는 것이 최선이라고 여러분이 생각하신다면, 저는 결혼하지 않겠습니

---

[46] 16세기 라블레가 쓴 풍자 공상소설 《팡타그뤼엘》에 나오는 등장인물이다.

다."

팡타그뤼엘이 대답했습니다.

"그렇다면 결혼하지 마세요."

이번에는 파뉘르주가 항의합니다.

"아니 그렇다면 저더러 일생의 반려자인 아내도 없이 혼자 살라는 말씀입니까?"

팡타그뤼엘은 이렇게 대답했습니다.

"그러면 결혼하시게."

나는 여러분에게 뭐라고 해야 좋을까요? 내가 설교를 하지는 않겠습니다. 여러분이 인간적인 사람이고 확고한 도덕을 지키는 사람이라면 충성과 신의도 지킬 것이라고 믿습니다. 물론 상대와 형편을 고려하겠지만요. 상대가 경박한 바람둥이 처녀일 때 아니면 상대가 여러분의 존재를 인생의 전부로 아는 처녀일 때 그녀를 대하는 여러분의 세심함이 똑같을 수는 없습니다. 간단히 말해서 어쩌다 한두 번 어쩔 수 없는 실수를 저지를 수는 있지만, 결혼을 피할 수는 없다는 것입니다.

여러분도 처음에는 실수를 피하기 위해 애쓸 것입니다. 결혼은 인생의 중대사니까요. 결혼을 한다는 것은 성실한 가정을 꾸미고, 한 여성만 받아들여야 하는 것이므로 자유의 중요한 부분을 포기해야 합니다.

버나드 쇼는 "여성에 대한 남성의 지조는 우리 속에 갇힌 호랑이와 마찬가지로 부자연스러운 것이다"라고 썼습니다. 그럴지도 모릅니다. 하지만 무작정 착한 일이 자연스럽지 않듯이 약한 자나 죄 없는 자를 보호하기 위해서 목숨을 바치는 일도 자연스러운 것은 아닙니다.

책 한 권을 쓰기 위해서 하루 열두 시간 동안 줄곧 책상 앞에 쭈그리고 앉아야 하는 일도 자연스럽지 않습니다. 그렇다면 결국 비겁하고, 잔인하고, 신의가 없고, 게을러도 좋단 말일까요? 조금이라도 훌륭한 뜻이 담긴 행동이란 스스로에 대한 맹세가 있어야만 가능합니다. 그 맹세를 지키기는 어렵겠지만 그렇다고 맹세를 하지 않는다면 아무 일도 해낼 수 없습니다.

일단 결정을 하고 나면 '내 선택이 옳았을까?'를 되물어서는 안 됩니다. '어떻게 하면 내가 선택한 여성과 행복한 인생을 살아갈 수 있을까?'를 물어야 합니다. 교회에서는 결혼성사 때 이

두 가지 서약을 받지 못하면 결혼성사도, 결혼도 이루어지지 않은 셈입니다.

결혼은 꼭 해야 하는 것입니까? 어린아이 양육은 공동체가 맡아서 하고 만인에 대한 만인의 성적 자유가 법에 의해서 보장되는, 부부 없는 사회란 존재할 수 없는 것일까요? 인류의 거의 전 역사는 이를 부정하고 있습니다.

결혼이란 특정 나라, 특정 인종, 특정 종교, 특정 시대에만 있었던 제도가 아닙니다. 그것은 법전 속에 존재하는 제도이기 전에 풍속으로서 존재한 율법이라고 할 수 있습니다. 2세들에게 오랜 유년기 동안 그들의 약함을 보완해주고 부족의 전통과 비결을 가르쳐주어야 했기 때문에 지속적인 부부관계가 필요했을 것입니다. 어머니의 애정과 아버지의 사랑 어린 엄격함을 공동체나 국가에게 기대할 수는 없습니다.

또한 "결혼이야말로 시간의 흐름에 따라 더 굳건해지는 유일한 관계"입니다(알랭). 인간의 욕망은 스쳐 지나가는 모든 대상을 탐내는 경향이 있습니다. 결혼이라는 제도의 영속적인 가치는 본질적으로 일시적일 수밖에 없는 욕망을 '사회가 뒷받침해주는 지속적인 결합'으로 묶어주는 데서 오는 것입니다.

이 점은 매우 중요합니다. 연인들이 변치 않는 관계를 유지하겠다고 아무리 굳은 약속을 해도 그들을 둘러싼 주변 환경이 약속을 저버리게 만들 수도 있습니다.

안나 카레니나와 우론스키는 서로 마음을 다 바쳐 사랑했지만 그들의 사랑은 사회의 인정을 받지 못해 무너지고 맙니다. 리스트와 다구 부인은 서로 어울리는 한 쌍이었지만 헤어질 수밖에 없었습니다. 이들이 자신들의 사랑을 끝까지 고집했다면 그들은 '사랑의 복역수'가 되고 말았을 것입니다.[47] 자유연애처럼 부자유스러운 사랑도 없습니다.

물론 아름다운 사례들도 있다는 것을 압니다. 하지만 그런 사랑은 쥘리에트 드루에와 빅토르 위고의 사랑과 같이 여성 측이 희생의 삶을 감수할 수밖에 없거나, 아니면 남녀 양측이 서로에게 무람 없는 방종을 인정해야 하는 관계일 때만 가능합니다.[48]

---

[47]_ 헝가리 작곡가 프란츠 리스트는 6세 연상인 마리 다구 백작부인을 만나 제네바에서 동거했다. 브랑딘, 코지마, 다니엘 세 아이를 두었다. 코지마는 후에 바그너의 부인이 됐다. 리스트는 다구 부인과 헤어진 후 러시아의 카롤리네 자인 비트겐슈타인 공주와 사랑에 빠졌으나 교황청의 허락을 받지 못했다.

이런 관계를 아름다운 결합이요 사랑이라고 한다면 그릇된 일입니다. 차라리 동료의식이나 우정이 사랑과 자리바꿈을 한 것이라고 하는 것이 낫겠지요. 이런 커플들에게도 때로는 행복한 화합을 볼 수는 있습니다. 하지만 그것은 예외적인 경우일 뿐입니다. 엽색주의나 공범관계란 대다수 남녀가 받아들이는 해결책이 될 수는 없습니다.

그렇다면 우리의 선택은 결혼입니다. 하지만 어떤 결혼입니까? 우리는 일시적인 욕망을 지속적인 결합에 묶어놓아야 한다고 했습니다. 따라서 무엇보다 먼저 욕망이 있어야 합니다. 몸매나 얼굴로 보아 여러분 마음에 드는, 아니면 최소한 싫지 않은 여성을 선택하십시오.

그러나 만일 여러분이 그녀에게 매력을 느꼈다면 그녀가 다른 사람들 눈에도 아름답게 보여야 할 필요는 없습니다. 보는 눈이 있는 남성라면 조금 덜 예쁘더라도 멋진 모자를 쓸 줄 알고 세련된 옷을 고를 줄 아는 여인에게서 보석을 발견할 수도 있습니다.

48_ 빅토르 위고와 쥘리에트 드루에는 반세기 동안 불륜관계를 유지했다. 쥘리에트는《레미제라블》의 원고를 정서하고 망명지까지 따라가는 등 물심양면으로 희생을 아끼지 않았다.

《신혼부부의 회상》[49]이라는 책에 등장하는 인물 르네 드 레스토라드는 사랑하지 않는 남성과 결혼하게 되지만, 그 남성을 사랑스러운 남성으로 만들어갑니다. 솔직히 발자크의 상황묘사는 설득력이 좀 부족합니다. 왜냐하면 그 남성에게 '새로운 남성'이 될 수 있는 자질이 없었다면 르네도 자기 남편을 다듬어갈 수는 없었을 것입니다. 어떤 정략결혼도 장차 서로 사랑하게 되리라는 조짐이 있어야만 행복해질 수 있습니다. 그렇지 않다면 타산적 결혼은 비이성적 결혼으로 남게 될 뿐입니다.

마음가짐과 정신상태, 그리고 공통의 취미를 갖는 것이 얼굴이 예쁜 것보다 더 중요합니다. 명심하십시오. 아름다움은 행복을 약속한다는 말도 있지만 영혼이 없는 육체적 아름다움이란 누구도 감당할 수 없는 허상일 뿐입니다.

결혼생활이 단조롭게 이어지다보면 욕망이 수그러들지 않겠냐고요? 여성이 먼저 싫증을 낼 수도 있고, 사랑의 유희마저 어긋나게 될 때쯤이면 초기의 욕정 같은 것은 식어버린 무거운 권

49_ 발자크의 《인간희극》 계열에 속하는 작품 중의 하나다.

태감이 자리잡게 되지 않냐고요? 천만에요. 함께 체험한 완벽한 쾌락은 행복한 습관을 만들어냅니다. 오그래디 박사는 말했습니다.

"대부분의 남성은 심리적 조건을 통해서 일부일처주의가 된다. 에로문학에 의해 널리 알려진 이야기들과는 달리 보통 남성은 모든 여성을 원하기는커녕 제 성냥갑이 아니면 불이 붙지 않는 성냥개비와 같은 것이다. 남성의 욕망은 대부분 자기 아내, 즉 일정한 여성의 이미지에 묶여 있다. 남편에게는 자기 아내의 얼굴, 몸, 목소리가 사랑의 개념과 깊이 관련 있는 신호가 된다. 스쳐 지나가는 여성이 아무리 아내보다 더 예쁘다고 해도, 심지어 서로 껴안고 여러 번 경험을 한다 해도 사랑의 개념과 관련된 심리적 조건을 갖게 해주지는 못한다. 그런 여성보다 아내가 훨씬 더 생생한 감동을 일깨워준다. 일부일처주의자에게는 일부일처제의 생활이 자연스러운 것이다."

돈에
관하여

　돈을 경멸하는 것은 쉬운 일입니다. 돈이 아예 없거나 돈이 필요없는 사람은 돈을 경멸할 수 있습니다. 그러나 돈이 전혀 필요없는 사람이 있을까요? 아무리 검소하게 사는 노인이라고 하더라도 잘 곳이 있어야 하고, 난방을 해야 하고, 먹어야 합니다. 청빈을 서약한 수도승이 모여 사는 수도원은 가난하지 않습니다. 그리고 수도승도 공기만 마시고 살 수는 없습니다. 나는 여러분이 평범한 사람이 될 것이라고 생각합니다. 여러분은 처자식을 건사해야 할 것입니다. 좋지 않은 일이 벌어질 때를 대비해 돈을 모아두려면 매달 지출하는 액수보다 웃도는 월급이 필요할 것입니다. 복지국가에는 질병이나 노후에 대한 대책이 서 있습니다만 그것은 기초생활을 보장할 뿐입니다. 여러분이 일할 수 없게 됐을 때 국가가 여러분의 가족까지 돌봐주지는 않습니다.

 돈을 버는 일은 누구나 할 수 있습니다. 기술이 있고 일을 좋아하는 사람이라면 더 많이 벌겠지요. 그러나 번 돈의 일부를 꾸준히 저축한다는 것은 그리 쉬운 문제가 아닙니다. 투자로 얻는 이윤은 신통치 않을 것입니다. 이자로 먹고 살려면 막대한 자본금이 있어야 합니다. 이 자본금 자체도 화폐가치가 추락하게 되면 햇볕 아래 눈처럼 녹아 없어질 위험이 있습니다.

 어떻게 해야 할까요? 화폐가치가 하락할 때도 실제가치를 반영하면서 액수가 오르는 주식을 살까요? 그것 역시 뜻하지 않은 불운을 당할 수 있습니다. 오랫동안 번창해온 기업도 새로운 기술을 개발하지 못하고 변덕스러운 유행에 휘둘릴 수 있습니다. 경영자가 형편없는 사람일수록 더욱 그렇습니다. 증권거래소 자체가 세계정세에 따라서 등락을 거듭할 수 있습니다.

 세계정세는 전혀 예측할 수가 없습니다. 고정이윤을 보장하는 유가증권을 사놓을까요? 일단 이 방법이 무난하긴 합니다. 특히 관련 법률까지 새로 생겼으니까요. 하지만 이 경우에도 통화안정성이 전제되어야 합니다. 건물이나 토지를 사두는 것은 어떨까요? 과거에는 현명한 투자였지만 요즘엔 양도소득세 때문에 효율적이지 못합니다. 그림, 고서, 골동품을 수집하는 것은 어떨까요? 이 방법은 수익도 있고 안전할 뿐 아니라, 고급스러운 취미도 즐길 수 있지만, 수집품을 현금화하고 싶을 때 사려는 사람이 없을 수도 있습니다. 경기가 좋지 않으면 수집품 애호가들도 현저히 줄 것이고, 혁명이라도 일어나면 수집품들을 몰수당할 수 있습니다.

한마디로 돈에 관한 한 절대적 안정성이란 환상에 불과합니다. 그렇다고 상대적 안정성을 찾아볼 필요가 없다는 뜻은 아닙니다. 이 점에 대해 예부터 전해오는 격언이 여러분에게 귀중한 충고가 될 것입니다.

"여러분의 모든 달걀을 한 바구니에 담지 말라. 후퇴할 수 있는 통로를 여러 개 만들어놓고 싸우라."

이 용의주도함은 칭찬할 만하지만 한정된 수입밖에 없는 사람에게는 별 의미 없는 말입니다. 여러 바구니를 채우려면 달걀도 그만큼 많아야 할 것이고, 물러날 통로를 여럿 구축하려면 거기 소요되는 군수물자가 많아야 합니다. 만일 여러분이 기업체를 만들거나, 어떤 연구를 사업으로 연결시키려는 목표를 세웠다면 가진 것을 몽땅 투자하고 싶을 것입니다. 아마 여러분은 소규모 투자방식을 되풀이하다 실패하느니 큰 위험을 무릅쓰더라도 한 번에 성공하는 것이 낫다고 생각할지 모릅니다.

어떤 경우든 지출이 수입을 초과하지 않도록 해야 합니다. 수입이란 들쑥날쑥해서 그때마다 지출을 늘이거나 줄일 수는 없습니다.

아무리 궁지에 몰렸다고 해도 이렇게 말하면 안됩니다.

"최악의 경우에는 빚을 내겠다."

빚을 진다는 것은 언제나 위험합니다. 아무리 친절했던 채권자라고 해도 일단 신뢰가 무너지면 사납게 변합니다. 그가 친구였다면 절교를 선언할 것입니다. 그가 여러분을 마구 꾸짖고 욕하기 때문에 여러분이 먼저 그를 피할 것입니다. 설사 그가 손해 본 것은 눈 감아준다고 해도 여러분에게 속았다는 생각이 들면 끝까지 원망할 것입니다. 아무리 돈을 잘 대주는 부모님이 계시다고 해도 맨날 공상 같은 계획을 반복하면 나중에는 진저리를 치실 것입니다.

여러분이 잘 나가는 기업을 일으켰다면 상황이 달라질 것입니다. 그런 경우에는 경험도 있고 담보도 있을 테니 은행에서 돈을 빌릴 수 있을 것입니다. 그때는 최악의 조건에서 미래의 예산을 짜본 뒤에 대출을 신청해야 합니다. 예상 못했던 일은 항상 일어나는 법이고, 그런 느닷없는 일은 대부분 불리한 일입니다. 우리는 자신의 미래가 걸린 일을 계획할 때 너무 쉽게 스스로를 속입니다. 잘 알지 못하는 일에 뛰어들기보다는 확실한 일자리를 지키도록 하십시오.

여러분은 "그것은 재산을 모으는 방법이 아니다"라고 말하겠지요. 천만에요! 그보다 더 확실한 방법은 없습니다. 여러분은 또 묻겠지요. "재산은 꼭 모아야 하는 것입니까?" 그렇습니다. 가난하다는 것, 그래서 제 자신과 제 가족에게 필요한 것들을 대주지 못한다는 것은 불행한 일입니다.

하지만 부잣집에 태어난다고 해서 항상 행복한 것은 아닙니다. 이들은 어른이 될 때까지 남들과의 진정한 교류도 가져보지

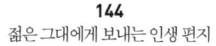

못하고, 남들과 함께 일해보지도 못하며, 또 그들과 괴로움이나 기쁨을 함께 나누지도 못할 것입니다. 그들은 하인들로 가득 찬 사막에서 사는 것과 같습니다. 부잣집에서 자란 애송이들은 실패하기 쉽고 어느 날 빈곤에 빠지기 쉽습니다.

무일푼으로 시작하여 자수성가한 사람들은 대개 인간적인 데가 있습니다. 그들은 추억도 있습니다. 물론 그 추억이 오래가지는 않습니다. 가난했던 사람도 부자가 되면 언젠가는 원래 부자였던 것처럼 생각하는 데 익숙해지는 날이 옵니다.

그런데 하얀 턱시도를 입고 만찬을 즐기는 사람들이 사는 도시 지역에서는 위대한 사상가가 절대로 태어나지 않습니다. 남을 설득하는 기술은 역설적이게도 그것이 꼭 필요한 사람들에게는 없는 법입니다. 그들은 맹목적으로 행동하게 됩니다. 그러므로 권력은 항상 사상을 갖지 못하기 때문에 망합니다.

사상이란 가난한 자들의 것입니다. 나는 여러분에게 재산을 모으는 데 중용을 지키라고 하고 싶습니다. 그것도 일을 해서 얻기를 바랍니다.

기술자든 상인이든 예술가든 자신의 재능과 끈기로 부자가 되는 것을 부도덕하다고 할 수는 없습니다. 오히려 그 반대입니다. 그들이 사회에 공헌하면 사회는 그들이 공헌한 것을 되돌려줍니다. 이들이 사회에 베푼 것이 전혀 없거나 또는 극히 미미하다면 다른 경쟁자가 그들을 밀어낼 것입니다.

옛날 공산주의 국가에서도 위대한 작곡가나 공장장이 보통 사람들보다 높은 생활수준을 즐길 수 있게 했습니다. 하기는 일부 인기 영화배우나 화가, 성악가, 추리작가를 제외하고 예술가가 큰 재산을 모으는 일은 드물지요.

대부분의 경우에는 고차원적이고, 수리적이고, 비인간적인 수단을 써야만 큰 재산을 모을 수 있는 법입니다. 회사의 설립과 합병, 증권시장 상장, 광산채굴, 투기, 특허매입, 증권조작 같은 일을 거듭해야만 억만장자가 될 수 있습니다.

억만장자가 선의로 가득 찬 인간일 수 있지만, 그의 머릿속에는 신기루만이 있을 뿐입니다. 성공은 그 자신을 과신하게 만듭니다. 사업확장을 일삼다가 비참한 운명의 바람이 불어닥치기만 하면, 그렇게 멋져 보였던 성이 마치 종이로 만든 것처럼 무너집니다.

너무 부자가 되려고 하지 마세요. 부자나 정복자나 서로 닮은 데가 있어서 적당한 때 멈출 줄 아는 것이 그들에게 정말 중요한 덕목입니다. 이런 덕목을 가진 사람은 별로 없습니다.

여러분이 예술적 창조 능력을 꾸준히 유지하기를 바란다면, 그런 경우엔 특히 지나친 부자가 되는 것을 삼가십시오. 예술이란 예술가가 가난하거나 불행할수록 그에게 보상이라도 하듯이 걸작을 쓰도록 해줍니다.

발자크가 빈곤에 시달리지 않고, 채권자에 쫓기지 않고, 빚 때문에 감옥에 가지 않고, 고리대금업자들에게 매맞지 않고 '발자크'가 될 수 있었겠습니까? 그가 아름다운 저택에서 비서와 하인들에게 둘러싸여 진짜 부자처럼 살았다면 어려운 생활을 겪으면서 알게 된 특별한 사람들과 만날 수 없었을 것입니다. 궁핍은 그를 일하지 않을 수 없게 만들었습니다. 당장 어음을 지불하지 않으면 체포하겠다고 집행관이 문밖에서 기다리는 일이 없었더라면 과연 그가 한 해에 네 편의 소설을 쓰고, 하룻밤 사이에 여러 편의 훌륭한 단편을 써낼 수가 있었겠습니까? 그것도 고역과 황홀경을 동시에 겪으면서 말입니다.

나는 재산 때문에 황폐해진 음악가나 화가들을 숱하게 봤습니다. 부자가 된 뒤에도 가난할 때와 다름없이 일을 계속하는 사람만이 이런 운명을 피할 수 있습니다. 빅토르 위고는 막대한 재산을 능숙하게 관리했지만, 본인은 장의차에 실려갈 때까지 가난하게 살기를 바랐습니다. 발자크처럼 취미생활에 미쳐서 돈을 버는 즉시 탕진해버린 사람들도 구제받을 수 있었습니다.

알랭은 그란데 혹은 고브세크[50]같은 수전노를 찬양했습니다. 그는 수전노란 재산을 만들기만 하고 쓰지 않으니 사회 전체에 이로운 시민이라고 했습니다. 언젠가 수전노의 재산은 사회에 귀속됩니다.

"수전노는 누추한 작은 방에 혼자 산다. 그는 예절을 지키는 사회와도 경박한 사회와도 담을 쌓는다. 그는 그저 베짜는 소리나 새벽에 일어나 활동하는 사람들의 발걸음 소리에 귀를 기울인다. 그는 이러한 새벽 움직임이 부를 지키는 길이라는 것을 귀로 듣고 깨닫는다. 그 자신도 새벽에 일어나 그랑데처럼 부서진

50_ 발자크의 《위제니 그랑데》에 나오는 주인공이다.

계단을 못질을 해서 수리한다. 그랑데는 일할 때 노래를 불렀다. 어떤 일을 막론하고 일이란 부의 축적에 보탬이 된다는 것을 깨달았기 때문이다."

방탕아는 돈을 물 쓰듯 쓰지만 수전노는 소비하지 않으면서 오로지 일을 찬양합니다. 오로지 수전노만이 황금을 축적한다고 말하지는 않겠습니다만, 이렇게 쌓은 부를 허투루 사용해서는 안 됩니다. 그래야만 누구에게도 해를 끼치지 않습니다. 호화열차나 초음속비행기, 우주캡슐 같은 것에 너무 많은 돈을 쏟다보면 사회 구성원을 가난하게 만들지도 모릅니다.

이것이 알랭의 주장이었습니다. 나는 이번만큼은 그의 의견에 찬성할 수 없습니다. '재산을 축적하라'고 여러분에게 말하고 싶지는 않습니다. 이렇게 돈을 축적하는 것만이 아무도 가난하게 만들지 않는다는 말은 옳지 않습니다. 돈이 회전이 잘 될수록 노동력과 생산력이 증대되고 대중의 생활도 향상됩니다.

차라리 이렇게 말하고 싶습니다.

"무엇이 됐든 인간이 감당할 수 있는 범위 내에서 여러분과 여러분 가족을 위해 현재와 미래의 안전 대책을 세우도록 하십시오. 그러고 나서 단순하게 사십시오. 그것이 여러분의 간과 심장과 정신을 위해 좋습니다."

내가 아는 어떤 억만장자는 돈으로 여성을 사는 데 싫증이 난 나머지 승용차 대신 지하철을 타고 다니면서 낯선 처녀들을 노렸습니다. 그는 처녀들에게 몇 푼 되지 않는 제비꽃을 한 다발씩 선물로 보냈습니다. 돈을 들이지 않고 만족스러운 관계를 갖게 된 것에 무엇보다 기뻐했습니다. 문제는 철갑상어알을 살 능력이 있느냐가 아니라 함께 배고픔을 겪을 줄 아느냐 하는 점입니다.

돈에 대해 어떤 태도를 가져야 하는지 정답을 얻는 일은 쉽지 않습니다. 돈을 경멸하는 것도 어리석습니다. 과거 수천 년 동안 인간들이 뭔가를 교환하거나 넘겨주기 위해 돈이란 상징물을 써 왔다면, 그것은 인간이 돈 없이 살 수 없다는 뜻입니다.

공산주의 사회에서조차 월급을 주고 저축을 권장하면서 각 개인이 자기 돈을 자기 맘대로 쓸 수 있게 허용하고 있었습니다. 그렇지만 돈의 노예가 된다는 것도 역겹습니다. 어떤 사람이 부자라고 해서 오로지 부자라는 이유만으로 그를 찬양하고 추종하는 것은 비천한 영혼을 드러내는 일입니다.

물론 부자인 동시에 지성을 갖추었거나, 돈이 많은 동시에 매력적인 사람도 있습니다. 그 경우엔 그의 지성과 매력으로 인해 호의가 샘솟아야만 합니다. 돈이 많다는 것, 그것만으로는 사랑도 미움도 생기지 않습니다. 예술가가 행복에 젖어 만든 작품의 대가로 돈을 달라고 할 수 있겠지만, 어떠한 경우에도 타락한 창녀처럼 돈에 팔리는 일은 없어야 합니다.

또 한 가지 어려운 문제는 돈과 가족과의 관계입니다. 여유로운 돈벌이를 가진 가장이 자식들을 헐벗게 놔둔다면 비난받아 마땅합니다. 탐욕이 빚어내는 비극이나 유산상속을 둘러싼 음모는 굶주린 어린 늑대들이 배부른 늙은 늑대 주위를 서성거리는, 폐쇄적인 가정에서만 일어납니다.

가능하다면 아이들이 제 힘으로 인생을 시작할 수 있게 도와주세요. 자녀들이 인생을 설계하고 여러분이 그것을 적당하다고 생각한다면 아이들을 도와주십시오. 만일 자녀들의 계획이 여러분 보기에 이상하더라도 도저히 나무랄 수 없을 만큼 강렬한 소명의식을 갖고 있다면 절대 반대하지 마세요.

발자크의 부모는 자녀가 복종해주기를 바랐던 소시민 출신이었고, 아들이 글쓰는 것을 달갑게 여기지 않았습니다. 그러나 그들은 아들에게 하숙비를 대주면서 일 년간 글을 쓰게 했습니다. 아들을 나무라기만 하는 것보다 잘한 일이 아니겠습니까?

여러분의 어린 시절을 되돌아보세요. 다만 자식들을 도와주기는 하되, 스스로 돕는 정신도 길러주세요. 아이들이란 역경에 부딪쳐야만 성격과 근력이 키워집니다. 어미새는 새끼에게 먹이를 주지만, 새끼가 제 날개로 날아야 한다는 것도 가르칩니다.

글쓰기

내가 여러분에게 "무엇을 하며 인생을 살아갈 생각인가?" 하고 물을 때 여러분은 "글쎄요, 아마 글을 쓸 겁니다"라고 대답했습니다. '글쎄요'란 말을 빼버리세요. 아니면 글쓰는 것을 포기해야 합니다. 글을 쓴다는 것은, '절대적인 소명의식'이 없으면 직업이 될 수 없습니다.

빅토르 위고는 어렸을 때 "샤토브리앙이 되거나 아니면 아무 것도 되기 싫다"고 했습니다. 작가로 태어난 사람은 무엇인가 할 말이 있기 때문에 글을 쓰는 것이고, 또 글을 쓰는 것 말고는 표현할 방법이 없어야 합니다.

만약 여러분이 하얀 종이에 매력을 느끼고, 표현을 더듬어가며 머릿속에 떠오르는 생각을 세상에 내놓기 위해서 어떤 희생도 마다하지 않겠다는 사람이라면, 만약 실패나 적대적인 비난을 무릅쓰면서 계속 써야 한다는 것을 아는 사람이라면, 만약 완벽한 문장으로 인물이나 물체나 감정을 정확하게 묘사해냈을 때 프루스트가 느낀 것 같은 해방감과 승리감을 맛본 경험이 있는 사람이라면, 글쓰는 길에 뛰어드세요.

하지만 글을 쓰려면 종교인처럼 되어서 일생동안 다른 어떤 직업보다 일을 더 많이 해야 한다는 것을 알고 이 길을 택해야 합니다. 여러분은 잘 다듬어지고 손질이 잘 된 완성된 작품을 볼 때 그것을 하나의 자연스러운 현상으로 보려고 합니다. 《보바리 부인》이나 《아돌프》나 《고리오 영감》을 보고도 마치 떡갈나무나 사과나무를 보듯 합니다.

그러나 이 작품들이 태어나기까지는 믿을 수 없을 만큼 많은 손질과 노력이 있었습니다. 위대한 작품의 육필 원고를 한 장 한 장 살펴본 적이 있나요? 삭제된 부분과 가필된 부분이 얼마나 많은지요! 원고지 여백에 화살표로 표시해놓은 수정글들은 어떻

고요! 교정쇄 주위에 레이스처럼 풀로 붙인 첨삭 종이는 또 얼마나 많습니까! 물론 작가가 황홀경에 빠져 하룻밤 사이에 원고지를 30페이지나 써내려갈 때도 있습니다.

그러나 제트기같이 써낸 초고는 아무리 정열적인 글이라고 해도 다시 다듬고 손질해야 합니다. 작가들에게 창작을 하는 시간이 행복할 때도 있지만, 새 작품을 쓰기도 전에 제목 선정 때문에 이미 힘이 빠져버리기도 하고, 집필 초기부터 쓰다 버린 원고지가 산처럼 쌓이며, 자신은 걸작이라고 생각한 글이 형편없는 졸작인 경우도 있습니다.

여러분이 이 길로 들어섰다면 결코 희망을 잃어서는 안 되지만 나태와 허영도 반드시 버려야 합니다. 자기가 쓴 작품을 남이 쓴 작품처럼 바라보고 평가할 줄 알아야 하고, 필요하다면 비판할 줄도 알아야 합니다.

좀 더 까다로운 일이긴 합니다만, 자기 작품의 아름다운 점을 직접 느낄 줄도 알아야 합니다. 이런 정확한 판단력을 갖추려면 단 한 가지, 대가들의 작품을 읽는 방법밖에 없습니다. 체호프나 캐서린 맨스필드를 읽고 나면, 여러분은 자신이 쓴 단편소설을 겸손하고 희망 섞인 마음으로 그들의 단편과 견주어 비평할 수 있게 됩니다. 발자크, 스탕달, 프루스트를 가까이하고 나면 여러분이 쓴 소설에 대해 엄격해질 것입니다. 여러분이 스위프트나 카프카의 똑똑한 독자가 된다면 여러분이 창조한 상상의 세계에 대해서도 공정한 판단을 내리게 될 것입니다.

그리고 어느 시대에나 있었던 것을 마치 새것인 양 내세우지 마십시오. 예를 들어 "인생이라 불리는 이 감옥에서 무슨 죄명으로, 왜 죄수생활을 해야 하는지 당신은 정말 모르고 있지만, 그러나 당신은 재판이 진행되는 것은 알고 있다……"는 말은 누가 했을까요. 여러분은 카프카가 한 말이라고 하겠지요. 천만에. 그렇지 않습니다. 이건 비니[51]의 말입니다. 신중함을 주는 교훈입니다.

프루스트가 대가들을 모방하면서 많이 배운 것은 사실이지만, 나는 여러분에게 대가들을 모방하라고 충고하고 싶지 않습니다. 여러분이 만약 작가의 기질을 가졌다면 남을 흉내 내고 싶지는

51_ 앨프레드 빅터 드 비니(1797~1863)는 19세기 프랑스의 시인이자 소설가, 극작가다.

않을 것입니다. 톨스토이에게는 인물을 소개하는 방법을, 발자크에게는 풍성하게 도입부를 쓰는 취향을, 스탕달에게는 정열적인 오만을 배우고, 그리고 나머지는 스스로 깨우치노라면 여러분은 의식도 못하는 사이에 자신의 꿀을 따는 꿀벌이 되어 있을 것입니다.

자신의 작품에 대해 공정한 비판자가 되는 건 좋지만 자신의 작품을 멸시하지는 마세요. 여러분이 대가들의 작품을 통해 공부하게 되면 여러분의 비판도 꽤 수준이 높아지게 될 것입니다. 여러분이 완성한 작품을 다시 읽어보고 훌륭하다고 생각되면 남들이 뭐라고 하건 자신을 가지세요. 다행히 세상에는 정직하고 관대하고 교양을 갖춘 훌륭한 비평가들이 있습니다. 그들의 생각은 여러분에게 중요합니다. 그들의 반대되는 생각도 받아들일 줄 알아야 합니다.

하지만 여러분은 인색하고 심술궂은 비평가도 만나게 될 것입니다.

"칭찬에 인색함은 스스로 부족함을 드러냄이니라."

솔직히 말해서 나 자신도 젊었을 때 알랭, 발레리, 로베르 캉,

에드몽 잘루, 버지니아 울프, 에드먼드 고스, 데스몬드 매카시 같은 영향력이 큰 작가들에게서 우정에 넘치는 칭찬을 받고 얼마나 용기백배했는지 모릅니다(돌아가신 분들의 이름만 들겠습니다). 남의 작품에 대한 이야기가 나올 때는 그 작품의 좋은 점을 들어서 칭찬할 줄도 알아야 합니다.

발자크가 《파름의 승원》[52]에 헌정한 훌륭한 비평들을 다시 읽어보세요. 한 천재가 다른 천재를 알아본다는 것은 가슴을 뭉클하게 하는 일입니다. 특히 당시는 문인들이 공식적인 비평으로 서로의 지위를 인정해주던 때가 아니라는 사실을 생각해보면 더욱 그렇습니다.

여러분이 작가로서 소질과 스스로를 잘 표현하는 교양이 있다고 해봅시다. 그건 매우 좋은 일입니다만, 그렇다면 여러분은 무엇을 쓸 것입니까? 위대한 작가들도 자기의 적성을 알기까지 진흙 속을 걸어야 했습니다.

발자크는 자신을 비극시인, 철학자, 풍자적 평론가로 알았습

52_ 스탕달의 작품이다.

니다. 그는 자기의 초기소설을 "진짜 문학적 쓰레기"라고 평했습니다. 그가 자신을 소설가라고 내세울 수 있었던 것은 첫 성공을 거둔 뒤였습니다.

미래에 위대한 시인이 될 사람들은 더 어려서 스스로를 발견하기도 합니다. 바이런과 위고는 청소년 때 벌써 아름다운 시를 썼고, 또 그것을 알아보았습니다. 만일 여러분의 감정이 노래하듯 발산되고 또 여러분이 리듬감이 있다면 스무 살 이전에 그것을 느끼게 될 것입니다.

그러나 소설가의 재질은 더 늦게 나타납니다. 세상을 그려내려면 삶을 살아봐야 합니다. 나는 여러분에게 풍부한 삶을 권합니다. 젊었을 때 매우 다양한 인간들을 두루 만날 수 있는 직업을 권합니다. 장차 소설가가 되려는 사람이 먼저 다른 직업을 갖는 것은 전혀 해로운 일이 아닙니다.

추억이란 유용합니다. 디킨스는 신문기자였고, 발자크는 인쇄업자였습니다. 둘은 가난과 채권자에 시달려봤고, 빚 때문에 감옥에 갇히기도 했습니다. 디킨스는 부친의 빚 때문이었습니다. 그런 불행이 그들에겐 오히려 밑천이었습니다.

극작가의 재질도 시인처럼 일찍 나타나지만 주변의 운이 따라야 합니다. 소설가와 역사가는 홀로 서재에서 혹은 문헌보관소에서 고요한 가운데 일합니다. 극작가에겐 무대와 배우와 관객이 필요합니다. 젊을 때부터 다행히 이런 조건을 갖게 됐다면 그 극작가에게는 행운이 따를 것입니다.

위대한 극작가는 대개 테니스장 주인의 아들처럼 조상의 직업을 대대로 물려받은 경우가 많습니다. 배우이기도 했던 몰리에르는 극단을 위해서 작품을 썼고, 역시 배우였던 셰익스피어도 동료들을 위해 걸작을 썼습니다. 코르네유, 라신, 마리보 같은 작가들은 여배우와 사랑을 했습니다. 무대에서 태도나 배우로서 인식, 연출을 위한 책임의식 같은 것이 한 사람의 연극인을 만들어냅니다. 아버지 뒤마와 아들 뒤마는 소설에서, 심지어 실생활에서 연극을 했던 사람들입니다.[53] 그들의 대화는 연극의 대사였고, 그들이 쓴 소설에서 각 장의 끝부분은 연극에서 각 막의 끝

53_ 아버지 뒤마는 19세기 프랑스 극작가 겸 소설가이며, 대표작으로 《삼총사》 '몽테크리스토 백작' 등이 있다. 아들 뒤마도 극작가 겸 소설가이며, 대표작으로 《금전문제》《방탕한 아버지》 등이 있다.

부분과 같았습니다.

괴테에겐 한 인형극이 작가의 길로 들어서게 했고, 아누이[54]는 어렸을 때 어느 카지노 극단 때문에 극작가가 됐습니다. 만년에 지성이 넘치는 연극인을 만난 것이 계기가 되어 한 소설가가 극작가로 둔갑한 일도 있습니다. 지로두와 쥬베가 그런 예입니다.[55]

소설가건 에세이스트건, 또 극작가건 소설가건 참을성이 있어야 합니다. 영광이란 여간해서 쉽게 찾아오지 않는 변덕스럽고 거만한 사람이나 같습니다. 첫 책이 그대로 대성공을 거둘 수도 있습니다. 반면에 오랫동안 기다린 끝에 자신의 재능을 인정받는 예술가도 있습니다.

그러나 오늘날 이 지구상에서 천재가 알려지지 않은 채 사라져가는 일은 드뭅니다. 작가를 발굴하려는 출판인, 독자, 제작자들이 하도 많아서 재능있는 인물이 오랫동안 완벽하게 빛을 보

54_ 프랑스의 현대희곡 작가이며, 대표작으로《도둑들의 무도회》《장미빛 극장집》등이 있다.
55_ 장 지로두는 프랑스 현대희곡 작가이며, 대표작으로《쉬잔느》《지그프리드》등이 있다. 루이 쥬베는 프랑스의 배우 겸 연출가다.

지 못한다는 것은 일종의 기적이라고 부를 수 있다. 여러분의 작품이 가치가 있다면 출판되고 상연될 것입니다. 남은 문제는 명성과 영광 사이에 있는 좁은 통로를 어떻게 뛰어넘느냐 하는 것입니다. 문학상은 때로 명성을 안겨줍니다. 하지만 그것이 영광까지 안겨주지는 않습니다. 어림없는 일입니다.

영광에 이르는 길은, 프랑수아 모리악이 쓴 《제니트릭스》《나환자와 키스》처럼 이론의 여지가 없는 명작, 《젊은 베르테르의 슬픔》《더러운 손》처럼 한 시대의 감수성을 대변하는 책이나 희곡, 《선의의 사람들》처럼 기념비가 될 웅장한 대작을 쓰거나 아니면 특이한 운명을 타고나야 합니다.

《모느 대장》은 윤곽이 뚜렷하지 않은 어떤 여성을 정열적으로 그려낸 낭만적인 특성 때문에, 그리고 저자 알랭 푸르니에가 요절했기 때문에 유명해졌습니다. 좋은 품성 때문에 얻은 영광이라고 할 수는 없지만, 때에 따라서 괴이한 생활방식, 남을 깜짝 놀라게 하는 복장, 정치적인 태도 같은 것이 그만한 가치가 없는 작품에 대해 큰 점수를 따게 할 수도 있습니다. 신비로움이나 혹은 신비롭게 만들기가 작품에 도움이 되기도 합니다.

그러나 조작된 성공은 오래가지 못합니다. 몇 년, 혹은 몇 세기가 지나면 반드시 정당한 평가가 이루어집니다. 한 세대는 속을 수 있지만 열 세대가 속지는 않습니다.

여러분도 나름의 스타일을 갖게 될까요? 그것은 여러분에게 달려 있습니다. 스타일이란 자연 상태 위에 찍힌, 기질의 발톱 같은 것입니다. 같은 경치도 르누아르, 반 고흐, 쇠라 등 세 사람이 봤다면 세 가지 다른 스타일로 나타납니다. 개성이 없으면 스타일도 없습니다.

사람들은 다 각자의 개성을 갖고 있습니다. 너나할 것 없이 겉에 두른 단조로움 혹은 반짝거리기만 하는 이미지에 개성이 파묻히지 않도록 하는 일은 어렵습니다. 작가란 사물에 가까이 갈수록 그리고 구체적인 어휘를 쓸수록 자기 스타일을 갖게 될 가능성이 큽니다.

철학가들의 직업적인 언어에는 문체가 없습니다. 일반인의 말로 구체적인 실례를 들어 표현할 때 데카르트, 베르그송, 알랭이 했던 것처럼 철학도 문체를 갖게 됩니다. 흔히 작가들은 마땅히 자기의 것이어야 할 문체를 자기도 모르는 사이에 놓쳐버릴 수도 있습니다. 프루스트는 초기 작품 《즐거움의 나날》을 쓸 무렵 자신의 스타일을 찾으려고 했으나 발견하지 못했습니다. 그는 러스킨을 번역하다가 자신을 발견했습니다. 자기가 늘 바라던 세계가 그 책이 내뿜는 불빛에 잠겨 있었던 것입니다. 그 뒤 프루스트는 러스킨적인 글이 아니라 정말 프루스트다운 글을 썼습니다.

  찾아가세요. 여러분 자신을 발견할 것입니다.

가면
무도회

"찾아가세요. 여러분 자신을 발견할 것입니다."

그렇습니다. 문학적 측면에서 뿐만 아니라 인간적인 측면에서도 여러분은 자신을 발견해야 하는데 쉬운 일이 아닙니다. 나는 한때 거장 피란델로[56]와 가까이 지낸 적이 있는데 그의 작품은 모두 다 인격의 변화를 주제로 삼았습니다. 그는 내게 말했습니다.

"나는 학창시절부터 일관성을 잘 유지하는 사람들의 모습은

56_ 피란델로(1867~1936)는 이탈리아의 극작가이자 소설가로, 1934년 노벨문학상을 수상했다.

사실 진정한 본모습이 아니라고 생각했었소. 우리는 어떤 사람에게는 이런 태도로 대하고, 다른 사람에게는 저런 태도로 대하지요. 그래서 동시에 두 친구를 만나면 난처해지기도 합니다. 마음을 편하게 하려면 한 사람은 보내야 하지요.

별거하는 부부의 대다수는 처음엔 기꺼이 받아들인 역할을 계속 해나가기가 불가능하게 되면서 사단이 생깁니다. 한 남성이 거짓 인격의 옷을 입게 되는 것이지요. 그는 견딜 수 없는 겉치레를 하게 됩니다. 그는 자신으로부터 도망쳐야만 하고, 다시 말하면 다른 여성과 삶을 시작할 수밖에 없게 되는 겁니다. 이때부터 그는 새로 만난 여성에게 다른 역할을 하게 되고, 조금 편안해집니다.

많은 인물 뒤에 하나의 유일한 '자아'가 숨어 있을 거라고 생각한다면 그건 착각입니다. 인생이란 변화라오. 이 움직임이 멎으면 인간은 노쇠해서 죽습니다."

피란델로의 말은 옳습니다. 한 인간 속에는 수백 명의 인간이 들어 있을지도 모릅니다. 인간은 선합니까? 악합니까? 둘 다입니다. 여러분도 부드럽고 잔인하고, 이성적이며 폭력적이고, 현명하거나 미쳤거나 할 때가 있다는 것을 알 겁니다. 여러 사정에 따라, 읽은 책에 따라, 충고하는 사람이나 파트너에 따라 달라집니다. 예를 들어 샤토브리앙을 생각해보세요. 그의 내면에는 유년과 청소년 시절의 추억을 통해서 기독교에 깊은 애착을 간직한 믿음 깊은 종교인이 자리잡고 있는 동시에, 기독교가 규탄하는 모든 종류의 유혹에 넘어가기 쉬운 인간, 오만불손한 인간, 방탕한 인간도 도사리고 있습니다.

여러 성격 중 어느 것이 샤토브리앙이었습니까? 다른 성격을 분리해버리고 남은 것은 어떤 것도 그의 성격이 아닙니다. 샤토브리앙은 그것들의 모둠입니다.

이번엔 나폴레옹을 생각해볼까요? 그보다 더 야심에 찬 국가 원수가 어디 있겠습니까? 그보다 더 욕심 많은 정복자가 어디 있겠습니까? 그러나 그는 자신과 자신의 운명에 대해 명상할 때는 매우 겸손했습니다. 사람들이 '저렇게 겸손할 수가!'라고 할 정도였습니다. 세인트헬레나 섬에 유폐된 그는 황제의 가면을 벗고 소위 같은 초급장교나 학생시절로 돌아가 파리에서 하루 30솔[57]씩 쓰면서 코르네유의 작품에 나오는 탈마의 역에 박수나

쳤으면 하는 꿈을 꾸었습니다.

어느 쪽이 진짜 나폴레옹이었습니까? 그야 둘 다입니다. 어느 쪽도 본인 생각으로는 진지했습니다. 우리는 남을 대할 때와 마찬가지로 자신에 대해서도 여러 역할을 합니다. 우리가 '감정'과 '나이'라는 무대 조명 아래를 지나간다면 마치 흰 무용복을 입은 발레리나의 몸이 노래졌다가 빨개졌다가 파래졌다가 하는 것처럼 우리 몸도 여러 빛깔로 나타날 것입니다.

여러분의 젊은 '자아'는 지금 늙은이들의 열정을 비웃겠지만 언젠가 여러분이 늙음의 조명이 내리쏘는 빛다발 아래를 지나게 될 때, 그때 보이는 그 늙은이가 바로 여러분 자신의 모습일 것입니다. 바칼로레아가 끝난 후에 거리를 떼지어 다니다가 주먹으로 경찰관의 턱을 가격한 청년이 훗날 법무장관이나 대법원장이 될지 모릅니다. 아카데미 학술원에 막말에 가까운 욕설을 퍼붓던 젊은 시인이 훗날 환영의 북소리가 울리는 가운데 그곳에 입장해 "회원으로 피선된 데 대한 감사 연설을 하게 된 것을 무

57_ 옛 프랑스의 화폐단위로 나중에 수로 바뀌었다. 1/20 프랑에 해당한다.

한히 기쁘게 생각하는" 일이 생길 수도 있는 것입니다.

여러분은 미래의 시간, 사랑, 나이, 직업에 따라 드러나는 열 명, 아니 백 명의 인간을 여러분 내부에 품고 있을 뿐 아니라 영원히 나타나지 않을 인간도 지니고 있습니다. 어떤 사람들은 인생의 이른 시기부터 한 가지 태도를 택해서 일생동안 그것을 버리지 않습니다. 때로는 그런 태도가 아름답습니다.

하지만 그것은 타인의 행복을 위해서 자신을 완전히 희생하고 자신의 향락을 포기해버린, 고매하고 성실한 현자의 경우입니다. 인생에서 이렇게 위대한 역할을 하는 연기자도 그 역할을 완벽하게 소화하면서 이따금 자기 내부의 목소리를 듣게 됩니다.

"너는 정말 일생동안 죽은 듯 지내기 위해 처형이라도 당했단 말이냐? 너도 원하기만 한다면 돈 환이나 패덕자의 역할을 남들 못지않게 훌륭히 해치울 수 있을 텐데……. 게다가 그게 훨씬 재미도 있고……. 누가 알아, 그 쪽이 더 진실한 길인지?"

이럴 때 우리는 인생을 헛살았다느니 가장 큰 즐거움을 놓쳤다느니 하는 혼란스러운 생각에 빠지게 됩니다. 왜 그럴까요? 왜냐하면 남들이 여러분이라고 믿게 된 가면을 얼굴에서 과감히 벗어던질 수가 없고, 또 어느새 그 가면이 여러분 성격의 진정성 가운데 하나를 대변하기 때문입니다. 이 가면은 비록 남들이 가끔 비난했을지도 모르는 수많은 가면들 중에서 여러분이 유일하게 실제로 사용해온 가면입니다.

전에 나는 영국에서 넋을 잃을 만큼 아름다운 여인을 알게 됐습니다. 그녀는 병적일 정도로 소심했습니다. 똑똑한 남성의 아내가 된 그녀는 남편 때문에 숨죽인 채로 살았습니다. 그녀의 아름다움에 반한 다른 남성들이 그녀를 유혹하기도 했지만, 그녀의 말 한 마디 없는 무관심한 태도 때문에 발길을 돌릴 수밖에 없었습니다.

어느 날 밤 런던에 사는 그 부인이 가면무도회를 열었습니다. 나는 우연히 아름다운 몸매를 가진 젊은 여성 옆에 앉게 되었는데 그녀는 춤을 추지 않았습니다. 나는 공손하게 말을 걸었습니다. 그녀가 너무 재치있고 대담하기도 해서 나는 홀딱 반했고 곁을 떠날 수가 없었습니다. 그녀는 그 우아한 몸매와 재치있는 대화로 내 마음을 사로잡았다고 확신을 했는지 미소를 지으면서 쓰고 있던 가면을 벗었습니다. 나는 그녀가 아까 말한 말없고 무

관심한 여성라는 것을 알고 깜짝 놀랐습니다. 가면 때문에 그녀는 딴 여성이 된 것입니다. 한때 그녀 자신이었던 딴 여성 말입니다.

아마도 옛날 오페라 극장에서 열리던 가면무도회가 그렇게 인기가 있었던 것도 이런 이유일 것입니다. 자신을 완전히 잊어버리고 완전히 딴 사람이 되는 것은 참 기분 좋은 일입니다.

인생이란 가면무도회입니다. 무도회에서 언제나 같은 가면을 써야 하는 걸까요? 그야 가면에 달렸고 여러분에게 달렸습니다. 그 가면이 여러분에게 어울리지 않거나, 가면이 상처를 입히거나, 또는 마음에 들지 않는 역할을 가면이 강요한다고 생각되면 다른 가면으로 바꾸어보세요.

선반에는 가면이 아주 많이 놓여 있습니다. 미래의 국가 지도자를 위한 점잖은 가면 옆에는 빨갛고 하얀 체크무늬 와이셔츠의 위 단추를 풀고 입은 예술가의 가면도 있고, 또 안경 너머로 날카로운 시선을 번뜩이는 의사 지망생의 가면도 있습니다. 여러분은 아직 가면을 바꿔 쓸 수 있는 시간입니다.

하지만 명심하세요. 무도회에 참석하는 것은 여러분이 아니라 가면입니다. 다른 가면들도 여러분의 가면을 보고 여러분을 판단할 것입니다. 인생 무도회장에 들어갈 때는 가면을 잘 고르세요.

정치

　여러분은 정치를 하겠습니까? 어떤 가면을 쓰겠습니까? '정치에 관여하지 않겠다'라고 말하는 것도 크게 보면 정치적으로 의사를 드러내는 행위가 됩니다. 그 말은 "나는 내 고장, 내 나라, 이 세상의 일에 대해 관심이 없어"라고 말하는 것과 같기 때문입니다. 그것은 개인적이고 일시적인 이해관계를 우선 챙기고 중요한 선택의 문제를 끊임없이 외면하면서 혼자서 유유자적 순풍을 타고 항해하려는 것입니다.

　그것은 부서지기 쉬운 평안을 얻으려고 항구적인 이로움을 저버리는 것입니다. 어떻게 말해도 그 일은 여러분의 일이니까요.

그것은 죽은 개가 급류에 휩쓸려 떠내려갔다가 다시 소용돌이에 휘말렸다가 고여 있는 물에 떠오르는 것을 그대로 놔두고 보겠다는 것과 같은 정치적 태도입니다.

여러분은 살아 있습니다. 여러분은 헤엄을 칩니다. 여러분은 방향을 잡아야 합니다. 바로 정치를 하게 되는 것입니다. 그렇다고 적극적이고 투쟁적인 정치를 할 필요는 없습니다. 내가 말하는 것은 선택과 판단에 필요한 여러 요소들을 모으기 위해 노력하고, 단지 시민으로서 여러분의 역할을 다하라는 것입니다.

어떻게든 공직에 나가겠습니까? 그거야 여러분 선택에 달렸습니다. 여러분의 적성이나 기회가 길 안내를 할 것입니다. 어디든 '정치적 동물'은 있기 마련입니다. 만일 여러분이 투쟁을 좋아하고, 천부적으로 웅변에 소질이 있고, 지금까지의 경력으로 봐서 순간적으로 청중이나 대중을 지배하는 능력이 있다면, 게다가 요즘 TV에서 여러분의 존재감이 확실하다면, 왜 안 되겠습니까?

내가 보기에 정치를 하려고 미리 경력을 계획하고 준비하는 일은 별로입니다. 언젠가 욕실에 수돗물이 나오지 않는 것을 기회 삼아 큰 도시의 시장에 당선된 사람이 있었습니다. 그는 수돗물이 나오지 않는 이유를 찾아내고, 대책을 강구해서 시 행정을 개선시켰습니다. 그렇게 그는 정계에 진출했습니다.

문학교수인 에리오의 이야기입니다. 그는 젊은 시절에 리옹 시장 자리보다는 레카미에 부인 생각을 훨씬 더 많이 했습니다.[58] 그는 여러 조건이 좋았습니다. 그 고장에서 인기도 있었고, 그리고 좋은 목소리가 그를 시장직으로 이끌었습니다.

그는 큰 도시에서 훌륭한 행정능력을 보였고, 이것이 발판이 되어 전시戰時 중앙정부는 그에게 식량조달 장관직을 맡겼습니다. 장관에서 내각수반인 총리까지 거리는 얼마 안 됩니다. 여러분이 우연이든 본능이든 말등자鐙子에 발을 집어넣었다면, 다음에는 자연스럽게 말을 몰아 정치인의 길을 걷게 될 것입니다.

기회가 주어진다면 권력을 움켜쥘 뜻이 있습니까? 알랭은 웅

58_ 에두아르 에리오는 총리와 하원의장을 지낸 프랑스의 정치인이자 작가다. 레카미에는 18세기 사교계의 여왕으로, 나폴레옹이나 제정에 반대하는 지식인들을 자신의 살롱에 끌어들였다.

변이 뛰어났고, 사상과 신념도 갖추었으며, 루앙[59]에서 뛰어난 대화술로 공개대학 강의까지 휘어잡고 있었기 때문에 어떤 야심도 이룰 수 있었습니다. 그러나 그는 원치 않았습니다. 무엇보다 그는 자유인으로 남기를 바랐습니다.

  정당의 선량選良이 되거나, 지도자의 신임을 받는 몸이 된다는 것은 포로가 되는 것입니다. 누군가를 기쁘게 해야 하는 자리거든요. 알랭은 그런 일에 신경쓰고 싶지 않았던 겁니다. 게다가 그는 권력가들을 감시하는, 예리한 정신을 가진 일반 시민들도 있어야 한다고 생각했습니다. 그는 그런 시민이 되고자 했습니다.

  마찬가지로 그는 제1차 세계대전에 지원병으로 참전했을 때 하사계급 말고는 어떤 계급도 거절했습니다. 그분처럼 나도 공직 제안이 있을 때마다 거절했습니다. 그중에 꽤 높은 자리도 있었습니다. 이런 이야기는 그저 사례일 뿐이지 본보기는 아닙니다. 어떤 국가든 활동적인 지도자는 있어야 합니다. 바로 여러분이 그런 지도자가 될 수 있습니다.

---

[59] 프랑스 도시의 이름이다.

일이 그렇게 된다면 여러분은 실제적인 업무에 충실해야 합니다. 한 도시나 국가의 행정 책임자에게 중요한 것은 간판이 아니라 행동입니다.

훌륭한 도로행정, 현대식 병원, 충분한 주택, 스포츠 시설, 활기찬 극장, 이런 것을 갖출 수 있어야 훌륭한 시장입니다. 적절한 국방정책, 현명한 외교동맹, 균형잡힌 예산, 너무 부담스럽지 않은 조세행정, 학령인구에 맞는 초등학교, 중고등학교, 대학교의 확보, 파산을 피할 수 있을 만큼 효율적인 사회보장제도, 모든 사람에게 공평한 사법행정, 인권의 보장, 이런 것이 갖춰지면 훌륭한 정부라 할 수 있습니다.

그러면 여러분들은 묻겠지요. 우리가 좌파냐 우파냐는 상관이 없느냐고요. 나는 어느 한쪽을 편들거나 그것이 전혀 상관없다고 말하지는 않겠습니다. 그러나 내가 보기에 영국에서 혁신적인 보수당이나 중도적인 노동당은 별로 차이가 없습니다.

미치광이 괴물정당을 제외하면 어떤 정당을 보아도 고상한 정신의 소유자와 인간 같지도 않은 자는 있기 마련입니다. 이같은 분류법이 사회주의자와 급진주의자, 인민공화파와 독립파,

MRP(인민공화운동당)와 UNR(국민공화연합당)처럼 제멋대로 이름붙여 나누는 분류법보다는 훨씬 중요합니다.

한 정파에 묶인 파당적 인간이 되지 마십시오. 국가는 하나고, 각자의 번영은 전체의 번영에 달려 있습니다. 극단주의자들은 자신들이 옹호하는 정치체제마저 언제나 파멸로 이끌었습니다.

특히 반대파의 주장은 검토조차 하지 않으려는 악의에 찬 정파주의자가 되어서는 안 됩니다. 우리와 다르게 생각하는 사람들을 쫓아버리는 일은 쉽지만 그들과 토론을 벌이는 일은 어렵습니다.

정치적 열정을 갖는다는 것은 자연스러운 일입니다. 여러분이 보수주의자가 되느냐 반란군이 되느냐 하는 것은 여러분의 삶이 결정할 문제입니다. 그러나 여러분의 지성은 인식과 편견을 구별할 줄 알아야 합니다. 자기 정파가 채택한 정책은 열광적으로 옹호하는 반면 같은 정책이라도 그것이 반대파의 주장이라면 무자비하게 규탄하는 사람들을 많이 봤습니다. 명심하십시오. 열광과 증오는 정치가 아닙니다.

"인간은 극단주의자가 됨으로써 위대해지는 것이 아니라 양

극단을 합치시키기고 그 중간을 취할 때 위대해지는 것이다(파스칼)."

서구에서는 한동안 의회제도에 아무도 이의를 달지 않았습니다. 프랑스에서도 1914년까지는 이 제도가 성공을 거두었습니다. 제3공화국이 제1차 세계대전을 맞이했을 때는 훌륭한 군대와 강력한 우방을 갖고 있었습니다. 지도자 중 한 사람은 '승리의 아버지'란 별명으로 불리었을 정도입니다.[60]

그 뒤 정세는 이전만 못했습니다. 유럽 여러 나라에서 의회제도가 무질서해지자 폭력에 기반을 둔 파시즘과 절대권력이 생겨났고, 이것들은 자유를 완전히 멸시했습니다. 그러는 사이 러시아에서도 또 다른 체제가 부상했는데 그것 또한 절대권력이란 점에서 마찬가지였습니다.

이런 외국의 영향이 프랑스 내부정치의 불안정한 균형을 부숴버렸습니다. 일부 우익인사들은 세력을 떨치고 있던 파시즘을 부러워했으며, 또 일부 극좌분자들은 의회주의적 사회주의에서

60_ 조르주 클레망소를 가리킨다.

스탈린주의적 공산주의로 옮아갔습니다. 때문에 프랑스는 결속이 깨져 지리멸렬한 상태로 신념도 힘도 없이 제2차 세계대전을 맞았습니다.

전쟁이 끝나고 제4공화국은 훌륭한 지도자들이 있었음에도 불구하고, 프랑스가 안정된 정권을 원한다면 개헌이 불가피하다는 방향으로 기울어졌습니다. 1958년의 헌법은 이같은 욕구에 부응하려고 했던 것입니다. 모든 헌법이 그렇듯이 이 헌법을 환영하는 사람도, 비난하는 사람도 있었습니다. 여러분은 이 헌법이 그대로 꽤 쓸 만하다는 것을 곧 알게 될 것입니다.

이 헌법은 행정부의 권력을 강화했습니다. 그럴 필요가 있었습니다. 주변 상황은 계속 변했고, 국가조직도 날이 갈수록 복잡해졌기 때문입니다. 장기계획을 세워야 했습니다. 툭하면 장관을 협박하고 바꿔버린다면 장기계획이 가능한 일이겠습니까?

우리처럼 서구적 민주주의를 신봉하는 사람들은 의회가 지속적인 우월권을 갖는 것을 선호합니다. 우리는 의회 의원이 시민과 집권자 사이에서 중개 역할도 하고 때로는 옹호자가 되어주기를 바랍니다. 사상과 표현의 자유가 보장되기를 바랍니다. 자유선거에서 다수당을 내지 못하는 정치체제가 바뀌기를 바랍니다. 신분, 인종, 종교의 차별 없이 모든 시민이 법 앞에 평등하기를 바랍니다. 어떤 정부든 다수의 뜻을 존중하지 않을 경우 그 정부를 합법적으로 해체할 수 있기를 바랍니다.

하지만 우리는 정부를 해체할 수 있는 권리가 엄격한 법률에 의해서만 행사되기를 바랍니다. 이혼에 관한 법률은 엄숙한 선서로 이루어진 결혼이 변덕스럽고 일시적인 감정으로 파괴되는 일이 없도록 보호해야 합니다. 헌법은 일시적 변덕으로부터도 의회를 보호해야 합니다.

자크 뤼에프[61]는 이렇게 썼습니다.

"정부가 해결해야 할 진정한 문제는, 현 단계에서 어느 정도까지 과거를 답습해도 무방한지, 그리고 또 어느 정도까지 현재를 미래 정책에 남길 수 있을 것인지를 결정하는 일이다."

옳은 견해입니다. 여러분은 현재가 상당히 많은 양의 과거를 받아들여야 한다는 것을 깨닫게 될 것입니다.

61_프랑스의 경제학자다.

국가란 제로 상태에서 출발할 수 없습니다. 앞 세대들이 건설한 것들을 모두 내려놓을 수도 없습니다. 유적遺蹟 자체가 지속성의 상징입니다. 프랑스혁명을 겪고 난 뒤에도 베르사유 궁은 그대로 남았습니다. 러시아혁명이 끝난 뒤에도 크렘린 궁과 레닌그라드 궁은 보존됐습니다. 왕정복고 시대와 그후 공화정치 시대도 앞선 제정帝政 시대의 훌륭한 여러 제도, 즉 주지사, 참의원, 대학교, 레지웅도뇌르 훈장을 간직했습니다.

여러분 세대도 그런 현명함을 가져야 합니다. 제도란 얼마나 오래 지탱할 수 있느냐에 따라 얼마나 유용하냐가 결정됩니다. 오래 계속되는 제도는 뿌리 깊은 습관을 형성합니다. 여러분들은 가능한 한 전통적 관례를 존중하는 것이 좋습니다. 만일 그런 관례를 없애버리면 다른 관례를 만들 수밖에 없는데 새로 만든다고 더 좋을 까닭도 없습니다.

리오테이는 "나는 큰 바닷게의 속은 다 먹어치웠지만 그 껍데기는 남겨놓았다"고 말했습니다.[62] 그를 본받으세요. 국가조직의

62_ 위베르 리오테이는 제1차 세계대전 때의 프랑스 장군이다.

외부골격은 보존하는 것이 좋습니다. 그렇게 하는 것이 이미 낡아서 시대에 어울리지 않는 것을 고쳐나갈 때 여러분을 더 자유롭게 해줄 것입니다.

선동전술(데마고기)을 이용하고 싶을 때가 여러분에게도 올 것입니다. 데마고기 정책이란 대중의 감정에 호소하면서 승리를 위해서라면 모든 사람들이 원하는 모든 것을 약속하는 정치수법입니다. 선동 전술가들은 자기 입으로 내뱉는 것을 실현할 수 없다는 것도 잘 알고 있습니다.

이런 거짓 약속은 잠깐 승리를 거둘 수는 있지만, 결국은 테르미도르 폭동, 브뤼메르 폭동과 같은 폭동으로 이어지기 쉽습니다. 또는 선동 전술가들이 실패를 무릅쓰고 물러나려고 하지 않는다면 독재정권을 낳습니다.[63] 어떤 선동전술도 쓰지 말라는 내 충고를 여러분이 당연하게 받아들여주길 바랍니다. 선동전술은 개인적인 성공을 가져다줄 때도 있지만 그 역시 순간적일 뿐입

63_ 테르미도르 반동으로 나폴레옹이 로베스피에르파로 몰려 체포되고 실각했다. 그는 이후 일 년간을 허송세월했다. '브뤼메르 18일 쿠데타(1799년 11월 9일)'는 나폴레옹 1세가 쿠데타를 일으켜 총재정부를 뒤엎고 독재체제를 구축한 사건이다.

니다.

"신의 방아는 천천히 빻지만 그 가루는 누구도 흉내 낼 수 없을 만큼 곱다."

거짓 약속은 조만간 많은 사람의 불만을 사게 되고 반격을 당할 수밖에 없습니다. 결론적으로 말해서 오로지 정직함만이 영속적인 승리를 약속합니다.

여러분은 효율성과 순수성이 맞부딪치는 경우도 자주 볼 것입니다. 좌파정부 지도자들이 체제의 효율성을 보장하기 위해 시장경제에 양보할 수밖에 없다고 말하면 '순수한' 마르크시즘 신봉자는 용납하지 않을 것입니다.

그러나 양보를 하지 않으면 체제 전체가 무너지게 됩니다. 프랑스혁명 당시 순수파들은 처음에는 바라스에게, 그리고 뒤에는 보나파르트에게 정면으로 도전한 일이 있었습니다.[64] 효율성과 순수성은 어떻게 조화시킬 수 있을까요? 모든 것은 경우에 따라서 달라지겠지요. 하지만 무엇보다 중요한 것은 진정한 순수성

64_ 폴 바라스는 테르미도르 반동의 주동자로, 부패가 심해 '악덕의 지사'로 불렸다.

과 거짓 순수성을 구별할 줄 알아야 한다는 것입니다.

현실적 저항이 있는데도 어떤 사상에 절대적으로 매달린다는 것은 더 이상 순수성이라고 할 수 없고, 고집이라고 해야 합니다. 지성이 남달리 뛰어났던 마르크스는 자기 시대의 경제적 현실로부터 하나의 시스템을 추출했습니다. 그가 만일 오늘날 우리가 목격하고 있는 현실을 알았다면 그는 틀림없이 그의 시스템을 고쳤을 것입니다.

마찬가지로 오늘날 순수자유주의 신조도 그대로 적용할 수 없게 되었을 뿐 아니라 사실 적용되고 있지도 않습니다. 토지소유권이나 상업적 소유권 같은 것도 현재 논란이 되고 있기 때문에, 머잖아 자유기업체제를 채택하고 있는 나라에서조차 수정될 것입니다. 경험에 거스르는 시스템을 유지한다는 것은 순수하다기보다 어리석은 짓입니다.

앞서 말했듯이 진정한 효율성과 거짓 효율성도 구별해야 합니다. 최악의 정책을 쓰면서 반대파의 가장 위험한 인물들까지 자기편으로 끌어들여 다수당이 되려는 태도는 진정한 효율성을 노리는 태도가 아니라 통치 능력까지 박탈당할 수 있는 불안정한 위치로 자신을 몰아넣는 일입니다. 단기적 효율성이 장기적 효율성에 앞서서는 안됩니다.

일하는
요령

　아이고, 충고를 너무 많이 했습니다. 말하기는 쉬워도 따라하기는 힘든 게 충고입니다. 하지만 첫 술에 배부르라고 했던 것은 아닙니다. 여러분은 부드러운 매니지먼트 정신을 가지고 모든 일을 다루어야 합니다.

　좋은 기수는 지친 말, 제대로 훈련되지 않은 말에게 힘든 장애물을 넘게 하지 않습니다. 그는 처음에 말을 숲속에서 한가롭고 천천히 거닐게 하다가, 다음 단계에서 조금 더 빠른 걸음으로 말을 몰기 시작합니다. 그러다가 말의 몸에 열이 살짝 오르면 손질이 잘 된 잔디밭 위를 한동안 뛰게 합니다. 이런 준비운동이 끝나면 말은 기운을 되찾게 되고, 그때부터는 어떤 움직임이라도 말에게 시킬 수 있게 됩니다.

오늘 아침 여러분은 지쳐 있습니다. 어제 저녁 너무 늦게 잠자리에 들었거나 저녁을 너무 많이 먹었습니다. 잠도 제대로 못 잤습니다. 밖에는 비가 내립니다. 간간이 눈도 섞여 내립니다. 여러분의 머리가 무겁습니다. 그렇지만 할 일이 태산 같습니다. 이럴 때 내 말을 믿으세요. 제일 달려들기 쉬운 일부터 시작하십시오. 여러분도 역시 준비운동이 필요합니다. 걷기 편한 오솔길을 거닐면서 여러분 몸과 마음을 풀도록 하십시오.

나는 작가로서 내 직업에도 이 원칙을 적용하고 있습니다. 기분이 별로 좋지 않은 날에는 혼신의 힘을 기울여야 하는 글은 애써 쓰려고 안간힘을 쏟지 않습니다. 그럴 때는 책을 한 권 집어들고 몇 장 읽어내려가면서 본보기 글을 찾아봅니다. 그렇지 않으면 내가 해야 할 일 중에서 제일 힘이 덜 드는 일, 편지라든지 짧은 잡문 같은 것을 쓸 때도 있습니다. 이런 일을 한다고 시간을 손해보는 것은 아닙니다. 언젠가는 해야 할 일입니다. 그런 일을 해치우면서 앞으로 내가 해야 할 일들을 조금씩 덜어냅

니다.

괴테도 젊은 작가들에게 비슷한 충고를 했습니다. 그는 긴 서사시를 쓰는 것보다 강한 감동을 받았을 때 짤막한 시를 한 편 쓰는 것이 쉬운 일이라고 말했습니다. 여러분도 처음 시작한다면 짧은 시를 쓰십시오. 자연스럽게 우러나오는 짧은 시들을 모아서 엮은 시집이 인위적으로 꾸며진 거대한 시작(詩作)보다 더 아름다울 수가 있습니다. 만약 천부적 소질이 있어서 《파우스트》 같은 대작을 쓴다고 해도, 그것은 작가로서 나이가 성숙하고 자기 직업에 완전히 통달하고 난 훨씬 뒤의 일입니다.

여러분이나 나나 《파우스트》를 쓰지는 않을 것입니다. 하지만 우리에게도 다른 사람들처럼 도달해야 할 목표와 수행해야 할 과제가 있습니다. 우리 자신에게 너무 가혹하지 맙시다. 많은 젊은이들은 자기들이 하는 일이 처음부터 성공하지 않으면 스스로를 과소평가하는 경향이 있습니다. 그들은 이렇게 말합니다. "나는 아무것도 제대로 해내지 못할 거야." "난 그것을 해치울 용기도 지혜도 없어." 자기보다 소질이 많은 친구를 보고는 "운이 좋아 별로 힘 들이지 않고 성공했다"고 생각합니다.

그것이 때로는 사실일 수도 있습니다. 내가 아는 에콜폴리테크니크의 수석입학생은 공부도 별로 하지 않고, 낮에는 대부분 피아노를 치면서 보내곤 하는데도, 칠판 앞에 서기만 하면 수학 문제를 척척 풀었습니다. 하지만 이런 희한한 일이 일반적인 건 아닙니다. 더구나 다른 사람이 얼마만큼 노력하는지 우리가 어떻게 알겠습니까? 여러분은 그들이 실패한 적도, 포기한 적도 있었다는 것을 모를 수 있습니다. 그 사람도 역시 여러분이 모르는 사이에 지나치게 원대한 목표에 도달하려고 안간힘을 썼을 것입니다. 그러다가 잘못을 깨닫고 실력을 더 잘 가늠하게 되었겠지요. 그래서 좀 더 가깝고 쉬운 목표를 선택하게 됐고, 그 뒤로는 자기 능력 안에 있는 일을 아주 잘 해낼 수 있게 된 것입니다. 여러분도 그 사람을 본받아야 합니다.

여러분에게 어울리는 리듬을 탈 줄 알아야 합니다. 여러분 능력의 한도도 알아야 합니다. 사람은 누구에게나 각자의 '최대한도'가 있습니다. 스피노자는 인간 능력의 최대한도가 말馬과는 다르다고 했습니다. 여러분의 최대한도는 성인聖人과도 다릅니다. 지면이 고른 잔디밭에서 먼저 단련하도록 하십시오. 그런 뒤

에 장애물을 뛰어넘도록 하세요.

젊은이는 허풍이 세다고들 합니다. 그것은 거짓말입니다. 많은 젊은이들은 스스로를 잘 믿지 않습니다. 자신만만하거나 공격적인 사람들은 내적인 콤플렉스에 시달리고 있는 경우가 많습니다. 그런 사람들은 자기가 하지도 않은 일들을 떠벌리면서 자신감을 얻으려고 합니다. 이런 자들은 건설할 줄 모르면서 부수기만 합니다.

자신을 과대평가해도, 과소평가해도 안 됩니다. 자기 기질에 맞는 일과 자기 실력 밖에 있는 일을 현명하게 구별할 줄 알아야 합니다. 경험을 쌓고 일에 익숙해지면 일처리 솜씨도 좋아질 것입니다. 스스로에게 자신감을 가지세요. 그리고 특히 자신에 대해 악평하지 마세요. 다른 사람들이 그대로 믿을지 모릅니다.

모든 것은 서서히 해나가세요. 난로에 불을 지필 때도 타기 쉬운 종이를 먼저 넣고 그 뒤에 잔 나무개비를 넣습니다. 불이 소리를 내면서 활활 타올라 불길이 세진 후에야 비로소 통나무를 하나 던져넣어야 합니다. 그 통나무가 탁탁 소리를 내며 활활 타오르면 그때 비로소 두 번째 통나무를 던져넣습니다. 그렇게 세

번째 통나무까지 던져넣으면 난로의 불길이 거침없이 타기 시작합니다.

　만약 여러분이 이제 겨우 불붙기 시작한 잔 나무개비 위에 묵직한 통나무들을 던져넣는다면 불은 꺼지고 불길을 살릴 수도 없습니다. 인생에서 일어나는 일도 그와 똑같습니다. 여러분에게 해야 할 숙제가 있습니까? 그 일에 필요한 여러 가지 물건부터 준비하세요. 그것이 잔 나무개비입니다. 그리고 불이 잘 일 수 있게 가느다란 나뭇가지들을 넣습니다. 굵은 통나무는 한참 후에 넣어야 합니다. 그렇게 하지 않으면 일은 절대로 완성되지 않습니다.

　예를 하나 들어보지요. 여러분도 알겠지만 파리에는 한 구역 전체를 차지하는 큰 백화점이 있습니다. 여러분은 그 백화점이 어떻게 해서 오늘날처럼 큰 백화점이 되었는지 아세요? 그 백화점도 처음에는 주인 한 사람이 모든 일을 다 처리하는 조그마한 가게였습니다. 그 사람은 차츰 성공을 거듭했고, 옆의 상점들을 사들여서 그처럼 어마어마한 규모로 성장한 것입니다. 시작은 미약했으나 그 끝은 창대하게 된 것입니다. 여러분은 반박

하겠죠.

"저는 고향인 지방 도시에서 그 백화점이 단번에 어마어마한 규모의 지점을 세우는 것을 보았는걸요. 그것은 '굵은 통나무'부터 시작하는 게 아닌가요?"

그렇지 않습니다. 이미 본점에 타오르는 불길이 있었던 거지요. 이미 잘 타고 있는 아궁이 속에다 통나무를 던지면 불이 잘 타는 것은 당연합니다. 그 백화점도 처음에는 잔 나무개비에 해당하는 가게가 있었던 겁니다.

나는 실제 이런 예를 농장에서 겪었습니다. 건사해야 할 가족은 많지만 생계수단이 없었습니다. 나는 농토를 일궈야 하는 상황으로 내몰렸고, 전문가들에게 자문을 구했습니다. 그들은 내게 대규모로 일을 벌이라고 충고하더군요. 양떼를 사들이고 목장의 설계를 바꾸고 농토를 개간했습니다. 하지만 일은 뜻대로 되지 않았습니다. 나는 다른 돈벌이가 있었기 때문에 거기에서 손을 뗐습니다.

내가 농사짓는 것 말고 다른 돈벌이가 없었더라면 파산하고 말았을 겁니다. 왜냐고요? 전문가들이 내게 밥을 너무 급히 먹게 했기 때문입니다. 가축 수는 몇 해를 두고 새끼를 쳐서 늘려 가야 했던 것입니다. 농토도 살아 있는 생물과 비슷해서 서서히 자라게 해야 합니다. 너무 성급한 계획으로 농토가 숨도 못 쉬게 되면 안 되는 것이었습니다.

한꺼번에 너무 많은 통나무를 넣지 마세요. 사랑도 마찬가지 랍니다. 만약 여러분이 단번에 정열에 불을 붙여 태워버릴 생각 으로 결혼을 한다면 사랑은 급속하게 식을 수 있습니다. 물론 결혼하기 전부터 이미 정열의 불길이 타고 있었다면, 결혼 후에는 그 정열을 유지하면 될 것입니다.

하지만 여러분의 결혼이 우정이나 서로 존중하는 마음에서 비롯된 것이라면 우선 잔 나무개비에 불을 붙이세요. 예를 들어 사소한 일까지 신경을 써주는 것, 기쁘게 해주는 것, 서로 같은 취미를 갖는 것입니다. 이렇게 하다가 즐거운 불길이 타오르면서 거센 불꽃이 이는 소리가 나기 시작하면 그때부터는 겁낼 게 없습니다. 아무리 굵은 통나무 같은 열정을 쏟아부어도 불길은 꺼지지 않습니다. 아궁이 불이든, 사랑의 불이든, 소명의 불이든, 불을 붙이는 일은 기교와 조심성과 참을성을 요구하는 예술입니다.

신앙심

아마 여러분은 "'절대적 존재'를 찾아보려고 하지도 않는 사람에게 '신앙'이 무슨 의미가 있겠는가?" 하고 생각할 것입니다. 그렇지만 잠시 생각해봅시다. 여러분이 이미 신앙을 갖고 있다면, 나는 여러분에게 그 신앙을 등지게 할 생각이 전혀 없다는 것을 먼저 말해둡니다. 장차 여러분이 내 인생을 좀 더 속속들이 알게 되겠지만 나와 가까웠던 신앙심 깊은 여성들은 그 신앙심을 잃어가기는커녕 오히려 독실해졌습니다. 내가 아끼는 친구 중 하나는 열렬한 가톨릭신자였고, 또 다른 친구는 개신교신자였으며, 또 다른 친구는 매주 예배를 드리러 다니는 유대교신자였습니다. 우리의 우정은 단 한 번도 종교적인 충돌로 위험에 빠진 일이 없습니다. "그러면 선생님은 신앙을 어떻게 정의하며 또 이 문제에 관해 어떤 충고를 해주시렵니까?"라고 여러분은 묻겠지요.

내가 생각하는 종교의 정의는 스승인 알랭의 생각과 같습니다. "신앙이란 증거 없이도 심지어 증거에 반대된다고 해도 인간이 운명을 헤쳐나갈 수 있다고 믿고, 도덕이 공허한 말이 아니라는 것을 믿고자 하는 의지다. 신앙의 마지막 은신처이며 최후의 보루는 자유다. 그리고 그것을 믿어야 한다. 믿지 않고는 자유를 얻을 수 없다."

일반적으로 종교를 이렇게 정의할 수 있다면 기독교는 과연 이 원리와 맞는 것일까요?

내 생각으로는 잘 맞습니다. 기독교는 신을 전능한 존재로 규정한 뒤, 그 신을, 자기가 갖고 있는 전권을 스스로 포기하여 인간에게 자유의지를 주는 존재로 만들었으니까요.

그러나 유일신 종교에는 어딘지 모호한 점이 있습니다. 유일신이 천상의 지혜로 세상을 만들고 질서를 잡고 또 피조물을 기쁘게 해주려고 기도를 듣고 자신이 창조한 세계를 새로 고쳐야 한다면 이 유일신을 어떻게 받아들여야 하는 것인가요? 나는 여러분이 유일신을 저 구름 위에 은하수 너머에 살고 있는 흰 수염이 달린 영원한 아버지로 상상하지는 않으리라고 생각합니다.

전체를 이루는 존재와 그 전체를 구성하는 일부가 서로 섞일 수는 없지 않겠습니까? 하나님이란 무엇입니까? 영혼입니까? 그럴지도 모르지요. 하지만 우리들의 보잘것없는 인식 능력으로 어떻게 과거와 현재와 미래, 무한히 작아지고 무한히 커지는 것들을 품고 있는 그 영혼을 이해할 수 있겠습니까? 우리가 성령이라고 할 때 어떤 생각이 떠오릅니까? 아니 도대체 생각이 떠오르기는 합니까?

하나님과 인간의 모습을 닮게 하려고, 영광으로 가득찬 말씀 속에 현실성을 불어넣으려고 기독교는 인간신人間神을 생각해냈습니다. 복음서는 모든 인간에게 귀감이 되는 살아 있는 신이라고 할 수 있는 완벽하게 선량하고 정의롭고 지혜로운 분의 이야기를 여러분에게 들려줍니다.

유일신 종교와 물신숭배 사상 사이에 위치하는 이런 신앙은 일부 인간들의 욕구에 맞춘 것이라는 주장도 있습니다. 여러분은 도덕적 지도자를 찾고 있는 것이고, 그것이 바로《준주성범》[65]입니다. 여러분은 겸손한 자들이 안락을 누리기를 바라고 권세 있는 자들이 겸허해지기를 바라겠지요. 그래서 발가벗고 가난하고 허약한 '아기 신神'이 세상에 나타나신 겁니다.

"울고 있는 자들이여, 이 아기에게 오라, 그도 울고 있나니."

이것이 바로 로마의 평민들이나 이 종교를 믿게 된 다른 이방인들이 당시에 기독교를 이해한 내용입니다. 그 뒤로 어떻게 해서 교회가 저토록 강력해지고, 저토록 부자가 됐으며, 저토록 무자비해지고, 또 어떻게 해서 폭력적이고 호전적인 사람에게까지 신의 은총을 빌게 되었고, 어떻게 박해와 폭정을 일삼게 되었는가 하는 것은 과거의 역사가 우리에게 설명해주고 있습니다.

하지만 이러한 과정은 현재 우리가 알고 있듯이 피할 수 있었습니다. 우리 시대의 위대한 교황들은 신앙의 본래 정신으로 돌아가 평화를 위해 봉사하고 있으며 복음서가 가르치는 가난함으

65_《遵主聖範》. 토마스 아 켐피스가 썼다고 전해지는 신앙생활을 위한 지도서다.

로 되돌아가 멀리 떨어져 있는 형제들을 사랑할 것을 설교하고 있습니다. '교황직의 본질'은 우두머리된 자의 전횡적인 오만함이 아니라, 그와는 정반대로 권세가 없을 뿐 아니라 또 그것을 원하지도 않는, 고개 숙인 자의 겸허함입니다.

여러분은 이같은 복음이 전해지고 있는 시대에 사는 행운아들입니다. 그가 얼마나 중요한 존재인지 헤아릴 줄 알아야 합니다. 현대의 교황은 주교관을 써보고 기뻐하는, 스탕달의 책에 나오는 주교나 종교 재판소의 최고재판관, 그리고 그 시대의 판사들과는 아주 다릅니다. 갖가지 종교의식을 평등하게 치르고 종교 행사에 계급 구별을 없애려는 노력도 칭송을 받을 일입니다. 옛날에 그랬듯이 요즘 교회는 다시 우리 시대의 정신적 원동력이 되어가고 있다고 할 수 있습니다. 그러면 여러분에게 저 독실했던 옛 신도들처럼 묵주신공을 바치거나 성지순례를 해보라고 권해볼까요?

나 자신은 여태까지 그런 의식을 치르지 않았습니다. 그렇다고 해서 그런 종교의례를 지키는 사람들을 나무랄 생각도 없습니다. 순례가 희생과 명상의 기회를 준다고 믿는 사람들이라면 순례가 훌륭하고 고상한 경험이 될 것입니다. 어떤 사람들은 감정적인 이유로 혹은 인간의 지혜를 믿지 않기에 미사와 다른 종교의식을 통해 영혼의 평화를 얻습니다. 경건한 종교의식을 따르는 데 기쁨을 느끼는 사람들이 종교의 진리와 제 자신을 초월하게 해주는 인간의 가능성을 믿는 이상, 허약한 인간 문명이 불안해할 까닭은 없다고 생각합니다.

간단히 결론을 말씀드리겠습니다. 여러분이 기독교건 유대교건 이슬람교건 불교건, 어떤 종교의 신자라면 그 신앙을 지켜나가세요. 종교란 '자신에 의한 자신의 창조'이며 '자신 안에 있는 신의 발견'이라는 것을 믿으세요. 만일 여러분이 신앙을 갖지 않았다면 거짓행동을 하지 마세요. 신앙인인 척하지 마세요. 그런 이들에게는 다른 구제책이 있습니다.

하지만 이 후자의 경우 여러분의 인생은 나처럼 험난할 것입니다. 인간이란 본래 제식祭式이나 의식 없이는 살지 못하게 만들어졌습니다. 본능적으로 일종의 광란 상태에 빠질 수밖에 없는 극단적인 환희나 고통을 겪을 때 이런 의식이 인간을 절제되고 안정적인 행동을 하게 만들고 용기를 되찾게 합니다.

사랑하는 사람의 장례식에 다녀온 사람을 생각해보세요. 어떤 사람은 이런 시련을 겪으면서도 침착하지만, 사실 그런 사람들은 드물지요. 그렇게 갑자기 닥치는 일은 너무나 고통스럽습니다. 어제까지만 해도 우리와 인생을 나누었고 서로 비밀을 털어놓으며 모든 기쁨을 함께하던 사람이 갑자기 단단하고 차갑게 변해 썩어간다는 사실을 믿을 수 없는 것입니다. 이 괴이하고도 소스라칠 만큼 끔찍한 일들이 우리에게 몸을 떨며 저항하고 절망감 속에 울부짖게 하는 것입니다.

이런 때 의식이 필요합니다. 이 가엾고 말도 안 되는 상황 속에 숨을 거둔 시신이 높은 영구대 위에 놓여 갖가지 제물과 꽃으로 덮이게 되는데, 이 때문에 잠깐 산목숨과 비슷한 인상을 풍기게 됩니다. 아름다운 장송미사에는 울음소리가 섞여 있지만 그래도 음악이 있어서 다소 절제가 됩니다. 이러한 고통은 숨막힐 것 같은 분위기에 감싸이게 되고 운구요원들 뒤를 질서정연하게 따르는 군중들의 정적 때문에 울음소리를 크게 내지도 못합니다. 고통이 사라진 것은 아니지만 극복되는 것입니다.

명사들의 장례식은 일종의 신앙 형태를 취하게 됩니다. 이런 장례식은 일반인들에게 본보기가 됩니다. 우리는 명사들의 유해가 사원에 안치되기를 바라는데, 우리 또한 죽을 때 저들처럼 묻혔으면 하는 생각 때문입니다. 사람들은 신문지상에 보도되는 끔찍한 사건들이나 잔악한 행위들을 통해서 인간의 악한 모습을 너무 자주 보았기 때문에 때로는 인간의 선한 면도 보여줄 필요를 느낍니다.

마르쿠스 아우렐리우스나 괴테, 빅토르 위고 같은 사람들이 위대한 인생을 살고 갔다는 것을 알리는 것은 우리들에게 인생의 목표를 원대하게 잡게 합니다. 그들도 잘못을 저질렀다고요? 물론이지요. 하지만 고인에 대한 추모행사가 갖는 장점은 그것을 통해서 우리는 위인들의 공적만을, 즉 그들의 가장 위대한 면만을 배우게 된다는 것입니다.

전기傳記, la legende란 말의 어원도 라틴어 legenda, 즉 '읽혀져야 할 것들'이란 뜻을 가진 말에서 왔습니다. 전설은 영웅을 만들어주는 동시에 인간을 만들어줍니다.

나는 여러분이 이 영혼의 순례에 참가하기를 바랍니다. 성인들의 기념일이나 또는 위대한 작품, 위대한 행적을 돌아보고 싶

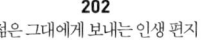

을 때는 눈에 보이지 않는 영혼의 성당에 찾아가서 이 작은 벌레에 불과한 인간이 실제는 자기 능력보다 더 큰 가능성을 갖고 있다는 확신과 힘을 길어올리도록 하세요. 신앙을 가지세요. 그러면 여러분은 구원받을 것입니다. 확고부동한 신앙은 신앙의 대상 그 자체를 현실적 사실이 되게 해줍니다.

참된 삶

여러분은 나에게 인생을 어떻게 살아야 하는지 물었지요. 나는 내 경험이 가르쳐준 것을 온 힘을 다해 여러분에게 말했습니다. 나는 삶의 밑바탕이 될 지혜와, 그것을 초월해서 존재하는 것을 분명히 구별해달라고 부탁하고 싶습니다. 인생에서 일이란 중요합니다. 우리는 일을 하면서 살아야 하니까요. 사회적 지위도 중요합니다. 아마 그것으로부터 벗어나기 위해서라도 지위를 따놓을 필요가 있겠습니다.

종교적 신앙에 대해서도 그것이 인생을 살아가는 데 얼마나 큰 도움이 되는지 이미 말했습니다. 정치적 신념도 확실히 해둘 필요가 있습니다. 사회는 제대로 통치統治되지 못하면 무정부 상태에 빠지게 됩니다. 그러나 인생의 본질은 다른 곳에 있습니다.

여름밤, 별 아래 홀로 여러분 자신을 살펴보세요. 모든 것을 있는 그대로 제자리에 놓으세요. 스스로를 위대한 존재라고 여기고 있는 자들과, 무거울 정도로 요란한 장식을 한 옷을 입은 자들과, 가문의 명예나 개인의 공적을 나타내는 훈장들로 가득 찬 옷을 입은 고관대작들을 떠올려보세요. 아무리 휘황찬란한 고물 금붙이를 매단 옷이나 빳빳한 갑옷을 입었다고 하더라도 그것을 걸치고 있는 몸은 여러분의 몸과 다를 바가 없습니다.

내가 지금 뭐라고 했습니까? 다를 바가 없다고요? 천만에요. 오히려 그 반대입니다. 여러분 몸이야 젊고 늘씬하고 탄탄한 근육이 붙어 있습니다. 그들은 늙었고, 배가 불쑥 나왔습니다. 물렁하고 힘없는 살집은 겨우 몸무게를 지탱하고 있고, 탄력을 잃은 피부는 앞치마처럼 처지고 주름살투성입니다.

그렇다고 이들 늙은이들 중에 위대한 영혼이 없다는 것은 아닙니다. 이들의 연륜과 업적에 대해 경의를 표하세요. 하지만 그들이 우리와 종류가 다른 인간이라거나 초월적 인간이라고는 생각하지 마세요. 그들 대부분은 불행하고 불만에 차 있으며, 사라진 젊은 시절을 그리워하고 있습니다. 그들이 아무리 총명하다고 해도 거의 모두가 자신들의 화려한 말솜씨나 편견이나 이론의 술에 취한 나머지 참된 인생이 무엇인지 잊고 있습니다.

이건 중대한 문제입니다. 만일 그들이 이런 도취 상태가 만들어낸 비현실적인 세계에 살지 않고, 가난한 사람들의 너무도 힘든 하루하루 삶 속에 호흡을 같이 한다면 그들은 진즉 힘을 합해 사회개혁을 결심했을지도 모릅니다.

하지만 그들은 야심에 차 증오를 키우고 있습니다. 필요 없는 다툼이나 벌이고 있지요. 얼마나 불행한 일입니까. 만일 그들이 진흙 논에서 썩은 물속을 허우적거리며 고생하는 젊은이들을 생생하게 그려볼 수 있다면 아무 짝에도 쓸모없는 전쟁을 피해보려고 갖은 노력을 기울일 겁니다. 하지만 그들은 눈이 침침해져서 볼 수가 없습니다. 굳어진 귀로는 들을 수가 없습니다. 그래서 피를 흘리게 되는 것입니다.

보세요. 참된 삶은 여러분 가까이에 있습니다. 그것은 여러분의 잔디밭과 꽃에서, 발코니로 나와 햇볕에 몸을 덥히고 있는 조

그만 도마뱀에게서, 부드럽게 엄마를 바라보는 아이들에게서, 서로 껴안고 있는 연인들에게서, 가족들이 같이 밥 먹고 사랑하고 좋은 여가를 즐기며 살아가려고 애쓰는 작은 집안에서 찾아볼 수 있습니다.

이처럼 겸허하게 살아가는 인간들의 삶보다 더 중요한 것은 없습니다. 그들의 총화가 인류입니다. 다만 인간들은 너무 쉽게 오해를 합니다. 몇 마디 흐릿한 말을 하기만 해도 서로 죽이려 들거나 자기들을 박해했다고 믿거나 서로 미워하기 시작합니다. 여러분은 힘이 닿는 한 이들이 참된 삶과 단순한 즐거움과 단순한 사랑으로 돌아오도록 도와주세요.

그리고 여러분 자신도 결국 비극으로 끝나는 희극의 인생에서 여러분도 믿지 않는 배역을 연기하기 보다는, 참된 삶을 살아가는 것을 선택하십시오.

"인생이란 자질구레하게 살기에는 너무 짧느니라."[65]

65_ 영국 소설가이자 정치가인 벤저민 디즈레일리가 한 말의 일부분이다. "인생이란 자질구레하게 살기에는 너무 짧다. 깊게 느끼고, 대담하게 행동하고, 솔직하게 열정적으로 자신을 표현하는 사람보다 더 사람다운 사람은 없다."

결론

선생님의 충고 말씀은 모두 맞습니다. 하지만 젊은이들이 그대로 따라할지 의심스럽습니다.

내 충고를 강요하는 것은 아닙니다. 내가 자발적으로 여러분에게 충고를 한 것도 아니에요. 부탁을 받았을 뿐이지요.

이런 충고 말씀은 선생님 연배에는 어울릴지 몰라도 젊은이들에게는 부적절한 것 같습니다. "늙은이의 충고는 겨울철의 햇살과 같다. 비추기는 해도 덥힐 수는 없다"는 말처럼요.

내가 말했지요. 인간이란 나이에 따라 다른 조명을 비춰보면 성격도 미덕도 악습도 달리 보인다고요.

그런 말씀은 하셨습니다. 하지만, 왜 청년으로서 조명을 받아야 할 사람들에게 절제를 충고하신 겁니까? 욕망과 분노로 이글거리는 젊은이가 어째서 마르쿠스 아우렐리우스와 같은 현인이 되어야 한단 말입니까? 더군다나 요즘 세상에서 말입니다. 선생님도 우리 모두가 지금 비트니크의 시대에 살고 있다는 것, 즉 성난 젊은이의 시대, 검은 점퍼의 시대, 반항적 신세대의 시대에 살고 있다는 것을 모르십니까? 이들에게 선생님이 말씀하시는 금욕주의가 무슨 소용이 있겠습니까?[66]

그것이 젊은이들을 구제할 거예요. 하지만 내가 그런 젊은이들에게 말했던 것은 아니에요. 내가 이 글을 쓰면서 떠올리는 루킬리우스[67]나 나타나엘[68]은 성난 젊은이가 아니에요. 그렇다면

66_ 비트니크는 1950년 이후 미국에서 일어나 전 세계를 휩쓴 이른바 비트족을 말한다. 비트 세대의 사상은 처음에는 문학 운동의 형태를 취하다가 차츰 실생활에 반영되어 히피족을 낳았다. 이들은 가난, 흑인, 마약, 성의 개방을 좋아하는 반면, 사유권, 노동의 의무, 위생생활 등을 거부했다. 한마디로 전통적인 서양 문화에 대한 반발현상이라고 볼 수 있다.
67_ 기원전 2세기 로마의 풍자시인이다.
68_ 앙드레 지드의 《지상의 양식》에서 독자의 대명사로 쓰인 이름이다.

불안하거나 확신을 갖지 못하는 젊은이가 내 대화상대일까요? 그렇지요. 내가 영원한 인간상을 말하면서 대답하려고 했던 것도 그와 같은 젊은이의 불안에 대해서지요.

젊은이에게 '영원한 인간상'이 무슨 소용이 있습니까? 현대의 젊은이는 모든 것이 다 무너지고 있는 공포의 시대에 태어났습니다. 시대적 고뇌를 겪고 있는 것입니다.

시대적 고뇌란 새로운 게 아니에요. 르네, 베르테르, 아돌프도 이른바 세기말 병病의 고통을 겪었어요.[69] 카프카나 브뤼크너도 '청춘의 병'을 묘사하고 있지요. 혁명이나 전쟁 따위로 멍들고 들썩이는 시대 다음에는 으레 상대적인 평화와 외견상의 번영이 닥치는데 그때 '세기世紀의 아이들'은 권태를 느끼는 법이지요. 군대에 가서 써도 좋을 힘을 쏟을 만한 데가 없으니까 젊은이들이 유리창을 깨뜨리고 자동차에 불을 지르고 있지요.

---

[69]_ 샤토브리앙의 《르네》, 괴테의 《젊은 베르테르의 슬픔》, 방자맹 콩스탕의 《아돌프》에 나오는 주인공의 이름들이다.

그리고 노인에게 욕설을 퍼붓기도 한다는 말씀입니까?

그런 행동은 아름답지도 않고 새롭지도 않아요. 〈에르나니〉 초연 때도 젊은이들은 늙은 대머리들을 욕했어요.

"대머리들아 뒈져라! 무릎 꿇으란 말이다."[70]

그래도 그들은 정권을 잡으려고 하지는 않았잖습니까? 저는 텔레비전에서 암스테르담 대학의 반항적 여학생이 '서른 살이 넘으면 누구나 은퇴를 시켜야 한다'고 주장하는 것을 본 적이 있습니다.

철없는 소리에요. 동료 학생들은 "우리는 정권을 원하지 않는다"면서도 폭력을 써서 항의했지요. 그들이 정권을 원하지 않아 정말 다행한 일이에요. 하기야 네덜란드 국민이 그들에게 집권을 허용했을 리도 없지만요. 현명한 국민들은 경험을 중시하지요. 공산당 서기장도 어린아이가 맡는 법은 없어요.

70_《에르나니》는 빅토르 위고의 5막 운문 희곡이다. 1830년 초연 때 낭만주의자들과 고전파들 사이에 대논쟁이 벌어졌다. '에르나니 사건'으로 불린 그 논쟁은 낭만파 문학의 승리로 끝났다.

프랑스대혁명 때는 젊은 장군들에게 군의 지휘를 맡기지 않았습니까?

하지만 보나파르트를 권좌에 앉힌 이는 늙은이 시에예스였지요.[71]

보나파르트는 젊은 사람인데도 지식도 많고 성숙해서 지혜가 많은 사람들까지도 놀라게 했습니다.

그게 무엇을 증명한다는 거지요? 인품이 연륜보다 더 중요한 요인이라는 건가요? 사람의 진가는 연륜이 쌓이지 않아도 드러난다는 건가요? 사람의 진가는 세월이 쌓이는 것과는 무관해요. 만사에 환멸을 느낀 젊은이는 이미 늙은이예요. 산더미 같은 일에 몰두하는 80대 노인은 젊은이의 몸과 마음을 갖고 있고요.

하지만 오래 가지는 못합니다.

이것 보세요, 시간이 흐른다고 일이 성사되지는 않아요.

71_ 시에예스(1748~1836)는 프랑스의 성직자이자 정치가, 혁명가다.

그렇게 말한 몰리에르와 선생님께는 죄송합니다만, 사람이 활용할 수 있는 시간만이 그의 행동을 결정해주는 겁니다. 큰 개혁을 이루어내려면 자신에게 여러 해가 필요합니다.

또 그 일을 계속해나갈 능력을 갖도록 젊은이도 훈련시켜야 하지요. 그것이 바로 제약된 행동범위 안에서 내가 지금껏 시도한 것이기도 해요. 내 말을 들을 자격이 충분하다고 생각한 젊은이에게 오래 남을 진리를 깨우쳐주려고 했어요.

모든 게 요즘처럼 바쁘게 변모하는 세상에 무슨 영속적인 진리가 있겠습니까? 선생님의 동료분이 말씀하시기를 우리는 대령보다는 중위가 더 아는 게 많은 시대에 살고 있다고 했습니다. 중위가 최근에 공부를 했기 때문이고 또 그 사이 과학이 어지러울 정도로 발달했기 때문입니다. 기술이 풍속까지 바꿔버리는 때 선생님 시대의 전통적 윤리가 무슨 소용이 있겠습니까? 결혼이란 제도 밖에서 성 행위를 한다고 용서받지 못하는 시대도 아닌데 성 도덕만 여전해야 할 이유가 뭐 있습니까? 공장 자동화 때문에 많은 일들이 불필요하게 됐는데 어째서 노동이 아직도 의무입니까? 왜 서기 2000년대의 윤리관이 1000년대의 윤리관과 같아야 합니까? 젊은이들의 앞날이 캄캄한데 어째서 고민스럽지 않겠습니까? 그들이 어떻게 했으면 좋겠습니까? 그들에겐 모험이 필요하다는 것은 선생님도 아십니다. 오랫동안 젊은이들은 항해자나 탐험가나 개척자들을 영웅이자 지도자로 삼았습니다. 다음 세대는 비행기를 조종하는 일에 젊은이들이 모였고, 그 뒤에는 우주탐험이 관심이었습니다. 하지만 우주에 있는 일자리는 정말 얼마 되지 않습니다. 세계에서 가장 방대한 예산을 우주 분야에 책정해도 겨우 스무 명 정도밖에는 우주로 보내지 못합니다. 그렇다면 젊은이들이 할 일이 뭐가 있겠습니까? 싸움뿐입니다. 별다른 뾰족한 수가 없으니까 요즘 저 부질없고 절망적인 소요 사건이 빚어지는 것입니다.

나는 여러분과 의견이 달라요. 이 세상에는 자격을 갖춘 젊은이들이 할 수 있는 모험이 앞으로도 얼마든지 있을 거예요. 다만 옛날과 같은 모험은 아니지요. 여러분은 이제는 더 탐험할 만한 미지의 땅이 남아있지 않다고 불평하겠지만, 사실은 우리가 아직 아무것도 모르고 있는 땅이 있습니다. 알고 있다고 말하고 있을 뿐입니다. 큰 바다의 밑바닥도 젊은 탐험가들을 부르고 있지요.

과학이나 예술의 영역도 마찬가지고요. 지금까지 발견할 만큼

했다고요? 천만에요. 모든 것은 이제부터 새로 발견되어야 해요. 작품도 쓸 만큼 썼다고요? 천만에요. 아직도 쓸 것은 무궁무진하지요. 새로운 문화의 전당을 세우고, 연구 단체를 조직하고, 극단을 만드는 일도 다 모험이 아니고 무엇이겠어요? 스물다섯 나이에 돈 한 푼 없으면서 세계에서 제일 아름다운 영화를 만들어 보겠다는 것도 모험 아니겠어요? 젊은이라면 불행하다는 말은 하지 말아야 해요. 불행하지 않기 위해서 해야 할 일을 해야지요.

스피노자는 "사람에게 노예 이야기를 해주기보다 자유 이야기를 해주는 게 낫다"고 가르쳤지요. 이것은 젊은이에게 더 와닿는 진실이에요. 내가 여러분에게 하려던 말도 그것입니다.

젊은 그대에게 보내는 인생편지
Lettre ouverte à un jeune homme